लोकप्रिय शायर और उनकी शायरी

क़तील शिफ़ाई

संपादक : प्रकाश पंडित
सह-संपादक : सुरेश सलिल

क़तील शिफ़ाई की जीवनी और उनकी बेहतरीन
नज़्में, ग़ज़लें और नग़्मे

ISBN : 9789350643853

संस्करण : 2016 © राजपाल एण्ड सन्ज़
QATEEL SHIFAI (Life-Sketch & Poetry)
Editor : Prakash Pandit, Associate Editor : Suresh Salil

राजपाल एण्ड सन्ज़

1590, मदरसा रोड, कश्मीरी गेट-दिल्ली-110006
फोन: 011-23869812, 23865483, फैक्स: 011-23867791
e-mail : sales@rajpalpublishing.com
www.rajpalpublishing.com
www.facebook.com/rajpalandsons

क्रम

'क़तील' अपनी ज़बाँ काबू में रखना
सुख़न से आदमी पहचाना जाए

जीवनी

किसी शायर के शे'र लिखने के ढंग आपने बहुत सुने होंगे। उदाहरणतः, 'इक़बाल' के बारे में सुना होगा कि वे फ़र्शी हुक़्क़ा भरकर पलंग पर लेट जाते थे और अपने मुंशी को शे'र डिक्टेट (लिखाना) कराना शुरू कर देते थे। 'जोश' मलीहाबादी सुबह-सवेरे लम्बी सैर को निकल जाते हैं और यों प्राकृतिक दृश्यों से लिखने की प्रेरणा प्राप्त करते हैं। लिखते समय बेतहाशा सिगरेट फूँकने, चाय की केतली गर्म रखने और लिखने के साथ-साथ चाय की चुस्कियाँ लेने के बाद (यहाँ तक कि कुछ शायरों के सम्बन्ध में यह भी सुना होगा कि उनके दिमाग़ की गिरहें शराब के कई पैग पीने के बाद) खुलनी शुरू होती हैं। लेकिन यह अन्दाज़ शायद ही आपने सुना हो कि शायर शे'र लिखने का मूड लाने के लिए सुबह चार बजे उठकर बदन पर तेल की मालिश करता हो और फिर ताबड़तोड़ डंड पेलने के बाद लिखने की मेज़ पर बैठता हो। यदि आपने नहीं सुना तो सूचनार्थ निवेदन है कि यह शायर 'क़तील' शिफ़ाई है।

'क़तील' शिफ़ाई के शे'र लिखने के इस अन्दाज़ को और उसके लिखे शे'रों को देखकर आश्चर्य होता है कि इस तरह लंगर-लँगोट कसकर लिखे गए शे'रों में कैसे झरनों का-सा संगीत, फूलों की-सी महक और उर्दू की परम्परागत शायरी के महबूब की कमर-जैसी लचक मिलती है। अर्थात् ऐसे वक़्त में जबकि उसके कमरे से ख़म ठोकने और पैंतरे बदलने की आवाज़ आनी चाहिए, वहाँ के वातावरण में कुछ ऐसी गुनगुनाहट बसी होती है :

चौधवीं रात के चाँद की चाँदनी खेतियों पर हमेशा बिखरती रहे
ऊँघते रहगुज़ारों पे फैले हुए हर उजाले की रंगत निखरती रहे
नर्म ख़्वाबों की गंगा बिफरती रहे
या

रात भर बूँदियाँ रक़्स करती रहीं,
भीगी मौसीक़ियों ने सवेरा किया

या

सोई सोई फ़ज़ा आँख मलने लगी,
सेली-सेली हवाओं के पर तुल गए

और इसके साथ यदि आपको यह भी मालूम हो जाए कि 'क़तील' शिफ़ाई जाति का पठान है और एक समय तक गेंद-बल्ले, रैकट, लुंगियाँ और कुल्ले बेचता रहा है, चुंगीख़ाने में मुहर्रिरी और बस-कम्पनियों में बुकिंग-क्लर्की करता रहा है तो उसके शे'रों के लोच-लचक को देखकर आप अवश्य कुछ देर के लिए सोचने पर विवश हो जायेंगे। इस पर यदि कभी आपको उसे देखने का अवसर मिल जाए और आपको पहले से मालूम न हो कि वह 'क़तील' शिफ़ाई है, तो आज भी आपको वह शायर की अपेक्षा एक ऐसा क्लर्क नज़र आएगा जिसकी सौ-सवा सौ की तनख्वाह के पीछे आधा दर्जन बच्चे जीने का सहारा ढूँढ़ रहे हों। उसका क़द मौज़ूँ है, नैन-नक़्श मौज़ूँ हैं। बाल काले और घुँघराले हैं। गोल चेहरे पर तीखी मूँछें और चमकीली आँखें हैं और वह हमेशा 'टाई' या 'बो' लगाने का आदी है। फिर भी न जाने क्यों पहली नज़र में वह ऐसा ठेठ पंजाबी नज़र आता है जो अभी-अभी लस्सी के कुहनी-भर लम्बे दो गिलास पीकर डकार लेने के बारे में सोच रहा हो।

पहली नज़र में वह जो भी नज़र आता हो, दो-चार नज़रों या मुलाक़ातों के बाद बड़ी सुन्दर वास्तविकता खुलती है—कि वह डकार लेने के बारे में नहीं, अपनी किसी प्रेमिका के बारे में सोच रहा होता है—उस प्रेमिका के बारे में जो उसे विरह की आग में जलता छोड़ गई, या उस प्रेमिका के बारे में जिसे इन दिनों वह पूजा की सीमा तक प्रेम करता है। प्रेम और पूजा की सीमा तक प्रेम उसने अपनी हर प्रेमिका से किया है और उसकी हर प्रेमिका ने वरदान-स्वरूप उसकी शायरी में निखार और माधुर्य पैदा किया है, जैसे 'चन्द्रकान्ता' नाम की एक फ़िल्म ऐक्ट्रेस ने किया है जिससे उसका प्रेम केवल डेढ़ वर्ष तक चल सका और जिसका अन्त बिलकुल नाटकीय और शायर के लिए अत्यन्त दुखदायी सिद्ध हुआ। लेकिन 'क़तील' के कथनानुसार :

यदि यह घटना न घटी होती तो शायद अब तक मैं वही परम्परागत ग़ज़लें लिख रहा होता, जिनमें यथार्थ की अपेक्षा बनावट और फ़ैशन होता है। इस घटना ने मुझे यथार्थवाद के मार्ग पर डाल दिया और मैंने व्यक्तिगत घटना

को सांसारिक रंग में ढालने का प्रयत्न किया। अतएव उसके बाद जो कुछ भी मैंने लिखा है वह कल्पित कम और वास्तविक अधिक है।

चन्द्रकान्ता से प्रेम और विछोह से पहले 'क़तील' शिफ़ाई आर्तनाद क़िस्म की परम्परागत शायरी करता था और 'शिफ़ा' कानपुरी नाम के एक शायर से अपने कलाम पर इस्लाह लेता था (इसी सम्बन्ध से वह अपने को 'शिफ़ाई' लिखता है)। फिर उसने अहमद नदीम क़ासमी से मैत्रीपूर्ण परामर्श लिये। लेकिन किसी की इस्लाह या परामर्श तब तक किसी शायर के लिए हितकर सिद्ध नहीं हो सकते जब तक कि स्वयं शायर के जीवन में कोई प्रेरक वस्तु न हो। लगन और क्षमता का अपना अलग स्थान है, लेकिन इस दिशा की समस्त क्षमताएँ मौलिक रूप से उस प्रेरणा ही के वशीभूत होती हैं, जिसे 'मनोवृत्तान्त' का नाम दिया जा सकता है। चन्द्रकान्ता उसे छोड़ गई लेकिन उर्दू शायरी को एक सुन्दर विषय और उस विषय के साथ पूरा-पूरा न्याय करने वाला शायर 'क़तील' शिफ़ाई दे गई। अपने व्यक्तिगत ग़म और गुस्से के बावजूद जब 'क़तील' ने चन्द्रकान्ता को अपना काव्य-विषय बनाया—एक ऐसी नारी को जो अपना पवित्र नारीत्व खो चुकी थी और खो रही थी—तो न केवल उसने सामाजिक विवशताओं को स्थगित नहीं किया बल्कि एक सच्चे कलाकार की तरह यह खटक भी शामिल कर दी कि वह नारी इस भाव या अनुभव से वंचित नहीं कि जो कुछ वह कर रही है, अच्छा नहीं है।[*] अच्छा क्या है?—मुहब्बत की नाकामी ने 'क़तील' को इस सर्वव्यापी प्रश्न पर सोचने की प्रेरणा दी। समय, अनुभव और

---

[*] इस विषय पर लिखी गई 'शम्मअ-ए-अंजुमन', 'रास्ते का फूल', 'एल्बम' आदि कुछ नज़्में इस संकलन में शामिल हैं। यहाँ भी 'ऐक्ट्रेस' नामक एक नज़्म के तेवर देखिए:

थरथराती रही चिराग की लौ अश्क पलकों पे काँप-काँप गए
कोई आँसू न बन सका तारा शब के साये नज़र को ढाँप गए
कट गया वक़्त मुस्कराहट में क़हक़हे रूह को पसन्द न थे
वो भी आँखें चुरा गए आख़िर दिल के दरवाज़े जिन पे बन्द न थे
सौंप जाता है मुझको तनहाई
जिस पे दिल एतबार करता है
बनती जाती हूँ नख़्ले-सहराई[1]
तूने चाहा तो मैंने मान लिया घर को बाज़ार कर दिया मैंने
बेचकर अपनी एक-एक उमंग तुझको ज़रदार[2] कर दिया मैंने
अपनी बेचारगी पे रो-रोकर दिल तुझे याद करता रहता है
कुमकुमों के[3] सियाह उजाले में जिस्म फ़र्याद करता रहता है

1. मरुस्थल का पेड़ 2. धनाढ्य 3. बिजली के हंडों के।

साहित्य की प्रगतिशील धारा से सम्बन्धित होने के बाद जिस परिणाम पर वह पहुँचा, उसकी आज की शायरी उसी की प्रतीक है। उसकी आज की शायरी समय के साज़ पर एक सुरीला राग है—वह

राग जिसमें प्रेम-पीड़ा, वंचना की कसक और क्रान्ति की पुकार, सभी कुछ विद्यमान है। उसकी आज की शायरी समाज, धर्म और राज्य के सुनहले कलशों पर मानवीय-बन्धुत्व के गायक का व्यंग्य है।

पंजाब के इस अलबेले गायक का जन्म 24 दिसम्बर, 1919 में तहसील हरीपुर ज़िला हज़ारा (पाकिस्तान) में हुआ। प्रारम्भिक शिक्षा इस्लामिया मिडिल स्कूल, रावलपिंडी, में प्राप्त की, उसके बाद गवर्नमेंट हाई स्कूल में दाखिल हुआ, लेकिन पिता के देहान्त और कोई अभिभावक न होने के कारण शिक्षा जारी न रह सकी और पिता की छोड़ी हुई पूँजी समाप्त होते ही उसे तरह-तरह के व्यापार और नौकरियाँ करनी पड़ीं। साहित्य की ओर ध्यान इस तरह हुआ कि क्लासिकल साहित्य में पिता की बहुत रुचि थी और 'क़तील' के कथनानुसार, ''उन्होंने शुरू में मुझे कुछ पुस्तकें लाकर दीं जिनमें 'क़िस्सा चहार दरवेश', 'क़िस्सा हातिमताई' आदि भी थीं। मैं अक्सर उन्हें पढ़ता रहता था जिससे मुझे भी लिखने का शौक़ हुआ। अतएव प्रारम्भ में मैंने कहानियाँ लिखनी शुरू कीं, लेकिन कहानियों में कठिनाई यह थी कि मुझे उन्हें नक़ल करते समय बड़ा कष्ट होता था। मैंने कहानियाँ लिखनी छोड़ दीं और नज़्में लिखने की कोशिश की। सबसे पहले पाठशाला के दिनों में मैंने एक नाअ़त (मुहम्मद साहिब की छन्दोबद्ध प्रशंसा) लिखी जिस पर मुझे काफ़ी प्रोत्साहन मिला और मैंने बाक़ायदा नज़्में लिखनी शुरू कर दीं। उन्हीं दिनों पिता का देहान्त हो गया। फिर ताऊ चल बसे और एक वर्ष भी नहीं गुज़रा था कि फूफी भी उठ गईं। इन घटनाओं का मुझ पर गहरा असर हुआ और मैं बेहद भावुक हो गया। जब तक हरीपुर में रहा, परम्परागत क़िस्म की शायरी से जी बहलाता रहा लेकिन जब रावलपिंडी में आया तो साहित्य की नई धारा, जिसे प्रगतिशील धारा कहा जाता है, के अनुकरण में शैली के नए-नए प्रयोग किए। यहीं अहमद नदीम क़ासमी से मेरा पत्र-व्यवहार प्रारम्भ हुआ और कविता-सम्बन्धी उनके परामर्शों ने मेरी बड़ी सहायता की, और जब जनवरी 1947 में मैं लाहौर आया (प्रसिद्ध मासिक पत्रिका 'अदबे-लतीफ़' के सम्पादक की हैसियत से) तो मैंने वास्तविक अर्थों में कुछ नई चीज़ें दीं और यों शायर के रूप में बाक़ायदा तौर पर मेरा परिचय हुआ।''

और फिर चन्द्रकान्ता के प्रेम और विछोह के बाद उस पर यह नया भेद खुला कि काव्य की परम्पराओं से पूरी जानकारी रखने, शैली में वृद्धि करने तथा नए विचार और नए शब्द देने के साथ-साथ केवल वही शायरी अधिक अपील कर सकती है जिसमें शायर का व्यक्तित्व या 'मनोवृत्तान्त' (जो अनिवार्य रूप से बाह्य परिस्थितियों से जन्म लेता और बनता है) विद्यमान हों।

इस प्रकार हम देखते हैं कि दूसरे महायुद्ध के बाद नई पीढ़ी के जो शायर बड़ी तेज़ी से उभरे और जिन्होंने उर्दू की 'रोती-बिसूरती' शायरी के सिर में अन्तिम कील ठोंकने, विश्व की प्रत्येक वस्तु को सामाजिक पृष्ठभूमि में देखने और उर्दू शायरी की नई डगर को अधिक-से-अधिक साफ़, सुन्दर, प्रकाशमान बनाने में बढ़-चढ़कर हिस्सा लिया, उनमें 'क़तील' शिफ़ाई का विशेष स्थान है। बल्कि संगीतधर्मी छंदों के चुनाव, चुस्त सम्मिश्रण और गुनगुनाते शब्दों के प्रयोग के कारण उसे शायरों के दल में से तुरन्त पहचाना जा सकता है।

मह़ूम शायर 'क़तील' शिफ़ाई की कुल प्रकाशित कृतियों की संख्या 14 है, जिनके नाम इस प्रकार हैं : हरियाली, गजर, जलतरंग, रौज़न, झूमर, मुतरिबा, छतनार, गुफ़्तगू, पैराहन, आमोख़्ता, अबाबील, बरगद, घुंघरू तथा समंदर में सीढ़ी। उनकी चुनिंदा शायरी का यह संकलन इन्हीं की सहायता से बनाया गया है।

—प्रकाश पंडित

नज़्में

शा'यरी सच बोलती है

लाख पर्दों में रहूँ, भेद मेरे खोलती है
शा'यरी सच बोलती है
मैंने देखा है कि जब मेरी ज़बाँ डोलती है
शा'यरी सच बोलती है

तेरा इसरार[1] कि चाहत मिरी बेताब न हो
वाक़िफ़[2] इस ग़म से मिरा हल्फ़-ए-अहबाब[3] न हो
तो मुझे वक़्त के सहराओं में क्यों दोलती है
शा'यरी सच बोलती है

ये भी क्या बात है, छुप-छुप के तुझे प्यार करूँ
गर कोई पूछ ही बैठे तो मैं इन्कार करूँ
जब किसी बात को दुनिया की नज़र तोलती है
शा'यरी सच बोलती है

मैंने इस फ़िक्र में काटीं कई रातें, कई दिन
मेरे शे'रों में तिरा नाम न आए, लेकिन
जब तिरी साँस मिरी साँस में रस घोलती है
शा'यरी सच बोलती है

तेरे जलवों का है परतौ[4] मिरी एक एक ग़ज़ल
तू मिरे जिस्म का साया है तो कतरा के न चल
पर्दादारी तो खुद अपना ही भरम खोलती है
शा'यरी सच बोलती है

---

1. अनुरोध, आग्रह 2. अवगत 3. मित्रमंडली 4. छाया

तेरे ख़तों की ख़ुशबू

तेरे ख़तों की ख़ुशबू
हाथों में बस गई है, साँसों में रच रही है
ख़्वाबों की वुसअतों[1] में इक धूम मच रही है
जज़्बात के गुलिस्ताँ महका रही है हरसू
तेरे ख़तों की ख़ुशबू

तेरे ख़तों की मुझ पर क्या-क्या इनायतें हैं
बे-मुद्दुआ[2] करम है, बेजा शिकायतें हैं
अपने ही क़हक़हों पर बरसा रही है आँसू
तेरे ख़तों की ख़ुशबू

तेरी ज़बान बनकर, अकसर मुझे सुनाए
बातें बनी - बनाई, जुम्ले रटे - रटाए
मुझ पर भी कर चुकी है अपनी वफ़ा का जादू
तेरे ख़तों की ख़ुशबू

समझे हैं कुछ इसी ने आदाब[3] चाहतों के
सबके लिए वही हैं अलक़ाब[4] चाहतों के
सबके लिए बराबर फैला रही है बाज़ू
तेरे ख़तों की ख़ुशबू

---

1. व्यापकताओं 2. अकारण 3. तौर-तरीके 4. उपाधियाँ, खिताब

अपने सिवा किसी को मैं जानता नहीं था
सुनता था लाख बातें और मानता नहीं था
अब ख़ुद निकाल लाई बेगानगी के पहलू
तेरे ख़तों की ख़ुशबू

क्या जाने किस तरफ़ को चुपके से मुड़ चली है
गुलशन के पर लगाकर सेहरा[1] को उड़ चली है
रोका हज़ार मैंने, आई मगर न क़ाबू
तेरे ख़तों की ख़ुशबू

---

1. रेगिस्तान

तीन कहानियाँ

कल रात इक रईस की बाँहों में झूमकर,
लौटी तो घर किसान की बेटी ब-सद मलाल[1],
ग़ैज़ो-ग़ज़ब से[2] बाप का खूँ खौलने लगा,
दरपेश[3] आज भी था मगर पेट का सवाल।

कल रात इक सड़क पे कोई नर्म-नर्म शै,
बेताब मेरे पाँव की ठोकर से हो गई,
मैं जा रहा था अपने ख़यालात में मगन,
हल्की-सी एक चीख़ फ़ज़ाओं में[4] खो गई।

कल रात इक किसान के घर से धुआँ उठा,
बस्ती में ग़लग़ला[5]-सा हुआ—आग लग गई,
इस रंज से किसान का दिल पाश-पाश था,
रक़्साँ[6] थी चौधरी के लबों पर मगर हँसी।

---

1. अत्यन्त दुख के साथ 2. क्रोधवश 3. सम्मुख 4. वातावरण में 5. शोर 6. नृत्यशील

शम्म-ए-अन्जुमन[1]

मैं ज़िन्दगी की हर-इक साँस को टटोल चुकी

मैं लाख बार मुहब्बत के भेद खोल चुकी

मैं अपने आपको तनहाइयों में तोल चुकी

मैं जल्वतों में[2] सितारों के बोल बोल चुकी

—मगर कोई भी न माना

वफ़ा के दाम[3] बिछाए गए क़रीने से[4]

मगर किसी ने भी रोका न मुझको जीने से

किसी ने जाम चुराए हैं मेरे सीने से

किसी ने इत्र निचोड़ा मेरे पसीने से

—किसी को ग़ैर न जाना

मेरी नज़र की गिरह खुल गई तो कुछ भी न था

जो बाजुओं में कहीं तुल गई तो कुछ भी न था

मेरे लबों से[5] शफ़क़[6] धुल गई तो कुछ भी न था

जवाँ रही, सो रही, घुल गई तो कुछ भी न था

—कि लुट चुका था ख़ज़ाना

रही न साँस में ख़ुशबू तो भाग फूट गए

गया शबाब[7] तो अपने पराए छूट गए

कोई तो छोड़ गए कोई मुझको लूट गए

महल गिरे सो गिरे, झोंपड़े भी टूट गए

—रहा न कोई ठिकाना

---

1. महफ़िल का दीपक (सुन्दरी) 2. सबके सामने 3. जाल 4. सुरीति से 5. होंठों से 6. उषा की लाली 7. यौवन

बाँझ

कितने ही साल सितारों की तरह टूट गए
मेरी गोदी में कोई चाँद जनम ले न सका
टकटकी बाँध के अफ़लाक पे[1] रोई बरसों
आज तक कोई भी वापस मेरा ग़म ले न सका

वो ज़मीं जो कोई पौदा न उगल सकती हो
क़ायदा है कि उसे छोड़ दिया जाता है
घर में हर रोज़ यही ज़िक्र, यही शोर सुना
शाख़[2] सूखे तो उसे तोड़ दिया जाता है

मुझे बाँहों में उठा ले मुझे मायूस न कर
अपने हाथों की लकीरों में सजा ले मुझको
अपने एहसास के सिले में[3] मेरा जोबन ले ले
(कर दिया सबने मुक़द्दर के[4] हवाले मुझको)

एक, दो, तीन—कहाँ तक कोई गिनता जाए
अनगिनत साँस महकते हैं मेरे सीने पर
मेरे लब पर कोई नग़्मा, कोई फ़रियाद नहीं
लोग अंगुश्त - बदन्दाँ[5] हैं मेरे जीने पर

कितने हाथों ने टटोला मेरी तनहाई को
कोई जुगनू, कोई मोती, कोई तारा न मिला
कितने झूलों ने झुलाया मेरे अरमानों को
दिल में सोई हुई ममता को सहारा न मिला

---

1. आकाश पर 2. टहनी 3. बदले में 4. भाग्य के 5. मुँह में (आश्चर्य से) उँगली दबाए

कल भी ख़ामोश थी मैं, आज भी ख़ामोश हूँ मैं
मेरे माहौल में[1] तूफ़ान न आया कोई
कितने अरमान मिटे एक तमन्ना के लिए
घर लुटाने पे भी मेहमान न आया कोई
                कितने ही साल सितारों की तरह टूट गए!

---

1. वातावरण में

खंडहर

वो मकां जिसके दरीचे मुद्दतों से बन्द हैं,
कुछ दिनों से छा रहा है मेरे एहसासात पर[1]

ज़िन्दगी की धड़कनें आलूदा-ए-तासीर[2] हैं
वक़्त के माथे पे इक उजली चमक पैदा हुई
तीरा-ओ-तारीक[3] राहों में सितारे बिछ गए
इन उजालों में अँधेरे क़ाबिले-ताअज़ीर[4] हैं

ज़िन्दगी ने दो क़दम पीछे को पलटा खा लिया
फिर वही पैमां[5], वही सहमी हुई सरगोशियाँ
सुन रही हूँ अब भी माज़ी के[6] रसीले क़हक़हे
टिमटिमाता है अभी तक मेरी कुटिया का दीया

वो गठीला-सा बदन अब रेशमी मलबूस में[7]
आते-आते आँखों-आँखों में सँदेसे प्यार के
भूल सकते हैं कभी? उनको भुला सकती हूँ मैं?
उफ़ वो आँखें, दो दीये जलते हुए फ़ानूस में

मैंने देखी थी उन्हीं आँखों में तारों की चमक
इक मुसलसल[8] कैफ़[9], इक पैहम[10] मसर्रत[11] की नुमूद
वाल्हाना[12] इश्क़ की इक ग़ैर-फ़ानी[13] यादगार—
हल्की-हल्की सी ख़लिश इक मीठी-मीठी-सी कसक[14]

---

1. अनुभूतियों या चेतनाओं पर 2. प्रभाव-युक्त 3. अँधेरी 4. दण्डनीय 5. वायदे 6. अतीत के
7. रेशमी वस्त्रों में 8. निरन्तर 9. आनन्द 10. निरन्तर 11. ख़ुशी 12. अलौकिक
13. अमर 14. चुभन

आह वो ख़ूनी सहर[1], मेरी मुहब्बत की रक़ीब[2]
उफ़ वो गुर्राती हुई मोटर का बल खाता धुआँ
आख़िरी आहों में वो डूबा हुआ लम्बा सफ़र
एक नादीदा[3] वतन में खो गया मेरा हबीब[4]

देखकर कुटिया में मुझको करवटें लेते हुए
ग़र्क़ हो जाते हैं[5] एहसासात[6] गहरी सोच में
रेंगती है दिल के इक तारीक[7] गोशे में[8] उमीद
आ रहे हैं जैसे वो मुझको सदा[9] देते हुए

जिनके पस-मंज़र में[10] मेरी जन्नतें आबाद थीं
मुस्कराते हैं अभी तक उन दरीचों के किवाड़
जैसे मेरी ज़िन्दगी बाज़ीचा - ए - तक़दीर[11] है
जैसे मेरे झोंपड़े का कोई मुस्तक़बिल नहीं

मेरा नन्हा है कि फ़िर्दौसे-बरीं का[12] फूल है
रात की तनहाइयों में देके इसको लोरियाँ
‘‘लो वो अब्बा आ गए’’ कहती जाए किसलिए
वो न आएँगे, न आएँगे, ये मेरी भूल है

वो मकां जिसके दरीचे मुद्दतों से बन्द हैं,
कुछ दिनों से छा रहा है मेरे एहसासात पर!

---

1. सुबह 2. प्रतिद्वन्द्वी 3. अनदेखा 4. प्यारा 5. डूब जाते हैं 6. अनुभूति, चेतना 7. अँधेरे
8. कोने में 9. आवाज़ 10. पृष्ठभूमि 11. भाग्य का खिलौना 12. स्वर्ग

सरताज

चिलमन से[1] उभरती हैं खनकती हुई किरनें
गाती है फ़ज़ा में कोई ज़रपोश[2] कलाई
मैं हल्क़-ए-नग़्मात में[3] हैरान खड़ा हूँ
आँखों में समेटे हुए इक जश्ने-तिसाई[4]

ये जश्ने-मसर्रत जिसे तख़्लीक़ किया है[5]
आराम से बीते हुए पच्चास बरस ने
ये क़ाफ़िला - ए - उम्र की रौंदी हुई मंज़िल
पूजा है जिसे हिर्स[6] की आवाज़े जरस ने[7]

ये साँस, पे सूखे हुए पत्तों का तरन्नुम
ये जिस्म, ये टूटा हुआ पीतल का कटोरा
ये रंग, ये तेज़ाब में डूबी हुई चाँदी
ये उम्र, ये यादों की हवाओं का हिलोरा

कुछ भी न सही, खून की बेकैफ़[8] हरारत
दौलत ने इसे प्यार का हक़ दे तो दिया है
गुलचीं[9] की मचलती हुई मुश्ताक़[10] नज़र ने
कोंपल को हिना बार क़लक़[11] दे तो दिया है

रातों की हब्स[12] से कि गजरदम की हवाएँ
गजरों[13] की ये झंकार झरोखे में रहेगी
जब तक न हक़ायक़ से[14] हटा दे कोई पर्दा
औरत युँ ही अख़्लाक़ के[15] धोखे में रहेगी

---

1. पर्दा 2. सोने के ज़ेवरात से लदी 3. गीतों के दायरे में 4. सुनहरा जश्न 5. रचा है
6. लालच, हवस 7. घंटियों की आवाज़ ने 8. निरानंद, उदास 9. माली 10. उत्सुक 11. मेंहदी
जैसी बेचैनी 12. घुटन 13. घंटों की 14. सच्चाइयों, वास्तविकताओं से 15. ख़ुशफ़हमी

पेशगोई[1]

सोने की अँगूठी में ये हीरे का नगीना
तोहफ़ा तेरा लेते हुए दिल काँप रहा है
आग़ाज़ में अंजाम की बातें[2] मेरे महबूब
अहसास की रग-रग में लहू हाँफ रहा है

वो ख़्वाब जो मैंने तिरी आँखों से निचोड़ा
अफ़सोस कि इस ख़्वाब की ताबीर[3] ग़लत है
मैंने तो न चाहा था ये सोने का दरीचा[4]
शायद तेरे फ़िर्दौस की तामीर[5] ग़लत है

अफ़सोस तेरी मस्लहत - अंदेश[6] मुहब्बत
दिल से नहीं, सोने से मुझे तोल रही है
लेकिन मिरे महबूब इसे कौन छिपाये
वो राज़ जो हीरे की कनी खोल रही है

धुल जाएँगे जिस वक़्त शफ़क़ज़ार[7] लबों से
जब हुस्न के शादाब[8] नज़ारे न रहेंगे
जब चाँद-से माथे पे न फूटेगा उजाला
जब रात-सी आँखों में सितारे न रहेंगे

हो जायेगा उरियाँ[9] तेरी फ़ितरत का तलव्वुन[10]
हीरे से उतर जायेगा सोने का लबादा
जिस वक़्त मैं आफ़ाक़ में[11] रह जाऊँगी तन्हा
हीरा मेरे काम आयेगा सोने से ज़ियादा

---

1. भविष्य की बातें बताना 2. आरंभ में अंत की बातें 3. स्वप्नफल 4. झरोखा, खिड़की
5. स्वर्गोपम रचना या इमारत 6. सतर्क 7. लाली 8. रंगबिरंगे 9. नंगा 10. खिलंदड़ा स्वभाव
11. दुनिया में

आइने के सामने

तेरे शबिस्ताँ की नकहतों में[1] हज़ारों साँसें महक रही हैं
मगर तेरी सेज का कोई दाग़, कोई गुल मुत्मइन[2] नहीं है
अगर्चे कितने जसीम[3] साये घुले हैं बिस्तर की सलवटों में
मगर तिरे बेफराँ[4] इरादों का कोई भी साल-ओ-सिन[5] नहीं है

खुले किवाड़ों के बंद होंठों में दफ़्न हैं बेहिसाब नग़्मे
मगर तेरे साज़ ने किसी गीत का कभी साथ भी दिया है?
खुले रहे हैं हज़ारों आग़ोश सुबह होने के बाद तक भी
मगर तिरे हुस्न ने किसी दिल के हाथ में हाथ भी दिया है?

कभी तसव्वुर के[6] दायरे को कुछ और फैला के देख लेती
कि इब्तिदा-ए-शबाब का अव्वलीं करिश्मा[7] जवाँ है अब तक
तिरी उमंगों का गर्म लावा जो कसमसा कर उबल पड़ा था
तिरे शबिस्ताँ की शोबदाबाज़ियों में[8] शोलाफ़िशां है[9] अब तक

तिरे तबस्सुम के[10] सर्द शोलों की ज़द में[11] आती रही है दुनिया
हिलाल-ओ-ख़ंजर, सलीबो-जुन्नार[12] तेरे होंठों से जल चुके हैं
तअय्युनाते-हुदूदे कौनैन[13] बारहा[14] तूने तोड़ डाले
तिरे बदलते हुए तक़ाज़े हरेक साँचे में ढल चुके हैं

---

1. तेरे शयनागार की खुश्बुओं में 2. संतुष्ट 3. भारी-भरकम 4. असीम 5. उम्र 6. कल्पना
7. नयी जवानी का पहला चमत्कार 8. जादूगरी में 9. अंगारे बिखेर रहा है 10. मुस्कुराहट के
11. हद में, पकड़ में 12. नया चांद, सलीब यानी क्रास और जनेऊ-मुस्लिम, ईसाई, हिन्दू धर्मों
के प्रतीक 13. मृत्युलोक और स्वर्गलोक की हदें 14. बार-बार

ये आइने का उदास चेहरा तुझे तसल्ली न दे सकेगा!
अब आइना तोड़ दे कि तेरी नज़र न ये वार सह सकेगी
कई मराहल[1] कई फ़साने अभी तेरे इंतिज़ार में हैं
यूँ ही चली चल वगर्ना[2] तेरी ये सेज क़ायम न रह सकेगी

---

1. समस्याएँ 2. अन्यथा, नहीं तो

शहर के इस गोशे में[1]

समाअत[2] जब खनकती है तरबख़ानों की[3] राहों में
तो मंज़िल के तसव्वुर से[4] क़दम ललचा ही जाते हैं
अगर जेबो-गिरेबाँ की हम आहंगी[5] सलामत हो
तो नग़्मों की मुरव्वत के मुक़ामात आ ही जाते हैं

सुनहरी उँगलियाँ रुकती हैं जब साज़ों की शहरग पर
तो नग़्मों की चहकती साँस रुक जाती है सीने में
दरोग़े-मस्लहत-आमेज़[6] भी इक चीज़ है लेकिन
छलक जाता है ज़हराबे-अलम[7] हर आबगीने में[8]

तसव्वुर उम्र की उस हद पे जाकर हाँफ जाता है
जहाँ अहले-हवस[9] बेदाद पर बेदाद[10] करते हैं
ब-मजबूरी थिरकती है जवानी बर सरे-महफ़िल
बदन के मुस्कुराते ज़ाबिये[11] फ़र्याद करते हैं

नज़र की नग़्मगी, ज़ुल्फ़ों के बल, होंठों की शीरीनी[12]
यहाँ हर चीज़ झूठे प्यार पर मजबूर होती है
यहाँ किरदार के उजले सनम[13] ढाले नहीं जाते
यहाँ हर ज़िंदगी गुफ़्तार[14] पर मजबूर होती है

---

1. कोने में 2. सुनने की ताक़त 3. आनंददायक जगहों की 4. कल्पना से 5. तालमेल
6. फायदे के लिए बोला गया झूठ 7. दुखरूपी ज़हर 8. सुराही 9. लोलुप लोग 10. जुल्म पर
जुल्म 11. कटाव 12. मिठास 13. चरित्र के बुत 14. वार्तालाप

झरोखों से हुमकते हैं यहाँ हँसते हुए फ़ाक़े
यहाँ चुकता है सौदा ज़िन्दगी की इल्तिजाओं का
यहाँ दिन को बदन तुलते हैं मीज़ाने-हुकूमत में[1]
यहाँ रातों को जमता है अखाड़ा रहनुमाओं का

ख़रीदारो, यहाँ हर रात जश्ने-आम होता है
ये वो मंडी है जिसमें प्यार का नीलाम होता है

---

1. हुकूमत के तराजू में

अल्बम

ये मेरी जवानी की पहली किरन है
जिसे मेरी तक़दीर ने एक तारीक[1] दिल में सजाया
जिसे मैंने तारीकियों से बचाने की ख़ातिर पतिंगा बनाया
पतिंगा बना कर किसी शम-ए-नौ[2] पर गिराया जलाया
मगर अब वो शम-ए-फ़रोज़ाँ[3] कहाँ है?

ये मेरी मुहब्बत की पहली खता है
जिसे मेरी अनमोल इस्मत के गुलरंग साये[4] न भाये
जिसे मैंने अपने बदन के गुलाबी तराने सुनाये
सरे आम जिसके लिए मैंने गीतों के गजरे बनाये
मगर अब वो गीतों का रसिमा कहाँ है!

ये हँसता हुआ ज़िंदादिल नौजवाँ है
मगर इसकी ज़िंदादिली का हर इक जज़्बा-ए-बेकराँ[5] मर चुका है
मेरी शोख़ चंचल जवानी से अब उसका जी भर चुका है
मेरे नित बदलते हुए शौक़े-बेबाक से[6] डर चुका है
मगर मैं इसे याद करती हूँ अब तक

ये भवँरे हैं मेरी जवानी के प्यासे
ये भवँरे मेरे फूल से आरिज़ों पर[7] लपकते रहे हैं
जवानी का रस चूसने को हमेशा बिलकते रहे हैं
मेरे पास आकर भी अक्सर मेरी राह तकते रहे हैं
मगर अब न जाने कहाँ उड़ गये हैं?

---

1. अँधेरे 2. नये दीपक पर 3. जलता हुआ दीपक 4. इज़्ज़त-आबरू के फूलों जैसे साये
5. असीम भावनाएँ 6. चंचल चाहतों से 7. गालों पर

ये मेरी हवस का शरीके-सफ़र[1] है
इसे रक़्सगाहों की आराइशों[2] से चुराया है मैंने
इसे अपने हुस्नो-जवानी का ताजिर[3] बनाया है मैंने
इसे आस्माँ की हदों तक उठा कर गिराया है मैंने
मगर अब मुझे इसपे रहम आ रहा है!

ये वो हैं जिसे मैंने छुप-छुप के पूजा
ये भूखे वतन का हवसकार इन्साँ, ये सादा सलोना
बनाया था जिसके लिए मैंने अँगड़ाइयों का बिछौना
जवानी की नादानियों से बनी जिसकी ख़ातिर खिलौना
ये देवता भी जाने कहाँ जा छुपा है?

ये नौउम्र ये नौ-गिरफ़्तार पंछी
ये भूला मुसाफ़िर, ये गीतों में, सपनों में खोया हुआ सा
ये आज़ाद इंसाँ मुहब्बत के छींटों से धोया हुआ सा
इसे देखना चाहती हूँ, अबद तक[4] मैं सोया हुआ सा
मगर ता-ब-के[5] ये भी सोता रहेगा?

---

1. वासनाओं का सहयात्री 2. नृत्यशालाओं की रौनकों से 3. सौदागर 4. अनंत काल तक
5. कब तक

औरत

जब कभी चाँद घटाओं में घिरा होता है
मैं तेरे काकुल-ओ-रुख़्सार में[1] खो जाता हूँ
जब ख़लाओं में[2] उभरती है अबाबील[3] कोई
मैं तेरी याद में बेचैन सा हो जाता हूँ
जब कभी आँच सितारों की सताती है मुझे
तेरी यादों की ख़ुनुक[4] सेज पे सो जाता हूँ
जब कहीं दूर तसव्वुर में[5] निकल जाना हो
मैं तेरी जुल्फ़ में कुछ अश्क[6] पिरो जाता हूँ

हसरतें मुहर-ब-लब[7] देख रही हैं मुझको
          मेरे एहसास में कुहराम[8] मचाने के लिए
आरजुओं की चुभन दिल में घुली जाती है
          मेरी सोई हुई रातों को जगाने के लिए
वलवले नक़्श-ब-दीवार[9] हुये जाते हैं
          मेरे अंजाम की तल्ख़ी में[10] समाने के लिए
ज़िन्दगी आईना-बरदोश[11] खड़ी है कब से
          मुझको तेरी ही कोई शक्ल दिखाने के लिए

वक़्त उड़ता ही चला जाता है झोंका बनकर
          और मैं तेरे ख़यालों से निकलता ही नहीं
क़ायनात[12] एक नए हुस्न की ज़ौ[13] माँगती है
          और मैं जादा-ए-अनवार पे[14] चलता ही नहीं

---

1. केशों और कपोलों में 2. शून्य या आकाश में 3. एक पक्षी का नाम 4. शीतल 5. कल्पना में 6. आँसू 7. होंठों पर मुहर लगाये (होंठ सिये) 8. कोलाहल 9. दीवार पर अंकित 10. कटुता में। 11. कन्धे पर आईना लिये हुए 12. सृष्टि 13. चमक 14. ज्योति-मार्ग पर

रूह आलाम की[1] यलग़ार से[2] चिल्लाती है
        और मैं प्यार के अन्दाज़ बदलता ही नहीं
तू मेरे प्यार से इनकार किए जाती है
        और ये आस का पत्थर कि पिघलता ही नहीं

तू कि ज़रकार[3] झरोके में सजी बैठी है
तुझको रुसवा सहर-ओ-शाम किया जाएगा
तेरे जल्वों की तमाज़त में[4] नहा लेने पर
तेरे माहौल को[5] बदनाम किया जाएगा
ख़ल्वते-ख़ास में[6] होंठों की सुबूही[7] पीकर
सुबह होते ही तुझे आम किया जाएगा
खनखनाती हुई जेबों के सुनाकर नग़्मे
तेरे पिन्दार को[8] नीलाम किया जाएगा

तू कि हर महफ़िले-रंगीं में[9] चली आती है
        अपने चेहरे पे सियाह[10] रात का ग़ाज़ा[11] मल के
अपने आँचल में छुपाए हुए धड़कन दिल की
        अपनी पलकों पे सजाए हुए सपने कल के
अनगिनत रंग तेरे चश्मा-ए-आरिज़ में[12] घुले
        नौ-ब-नौ[13] जाम तेरे क़ल्बो-नज़र में[14] छल के
बारहा जिस्म का बाज़ार सजाया तूने
        उफ़ मगर कोई ख़रीदार न आया चल के

तू, कि बाज़ार में पहली सी तेरी क़द्र नहीं
        इतनी अर्ज़ां है मगर फिर भी ख़रीदार कहाँ
तेरे होंठों से है अन्क़ा[15] वो तबस्सुम की[16] मिठास
        तेरी आवाज़ में वो नुक़रई[17] झंकार कहाँ

---

1. दुखों की 2. आक्रमण 3. सुनहरी 4. गर्मी में 5. वातावरण को 6. विशेष एकान्त या शयनागार में 7. वह शराब जो सुबह को पी जाती है 8. अहम् को 9. रंगीन सभा में 10. काली 11. पाउडर 12. कपोलों के चश्मे में 13. ताज़ा 14. दिल और दृष्टि में 15. एक कल्पित पक्षी (अलभ्य) 16. मुस्कुराहट की 17. रजत

मुत्लक़-उल-हुक़्म[1] जवानी के वो अंदाज़ गए
        अब तेरे हुस्न में पहली-सी वो ललकार कहाँ
'निर्ख़ कुछ और बढ़ा दे कि ये अर्ज़ी है अभी'
        आज वो जिंस कहाँ, आज वो बाज़ार कहाँ

तू कि माज़ी की[3] ब-हर-तौर[4] परस्तार[5] नहीं
क्यों गए वक़्त की बाँहों पे गिरी जाती है
क्यों किसी डार से बिछड़े हुए पंछी की तरह
आस्मां-बोस[6] महल्लात में[7] कुलाती है[8]

क्यों ज़बूँहाल[9] शराबी का बुढ़ापा बनकर
अपने जोबन की हिकायात को[10] दुहराती है
क्यों किसी बिस्तरे-ज़रकार पे[11] करवट लेकर
अपने टूटे हुए अंग-अंग को सहलाती है

तू कि एहसास की रानी है महारानी है
तेरा जोबन नहीं दर-दर पे भटकने के लिए
तेरे आँसू नहीं दामन पे ढलक जाने को
तेरी सूरत नहीं आँखों में खटकने के लिए

तेरी नज़रें नहीं झुक-झुक के बिलकने वाली
तेरा लहज़ा नहीं बातों में अटकने के लिए
तू किसी प्यार के धोखे में न लाना दिल को
ये तेरे हाथ हैं दामन को झटकने के लिए

मुझको हरचन्द[12] तेरे हुस्न ने दुत्कार दिया
        लेकिन इस दिल पे मेरा ज़ोर तो चलता ही नहीं

---

1. निरंकुश 2. सस्ता 3. अतीत की 4. किसी हालत में भी 5. प्रशंसक 6. गगनचुम्बी
7. महलों में 8. चीख़ती है 9. बुरी हालत वाले 10. कथाओं को 11. सुनहरे बिस्तर पर
12. यद्यपि

जब तलक मैं तेरी यादों का न झूला झूलूँ
        जी किसी तरह जुदाई में बहलता ही नहीं
मैं वो ज़रदार[1] नहीं जिसका गुलिस्ताने-हयात[2]
        हिर्स की[3] आँच बिना फूलता-फलता ही नहीं
तू मेरे प्यार से इनकार किए जाती है
        और ये आस का पत्थर कि पिघलता ही नहीं

        मैं कि इफ़्लास के[4] हाथों में खिलौना बनकर
        चूर होता हूँ तो रोते हुए सो जाता हूँ
        जब ज़रो-सीम के[5] फन्दे में उलझता है कोई
        मैं तेरे गाते हुए दर्द में खो जाता हूँ

        जब मुझे तेरी जवानी का ख़याल आता है
        जाने क्या सोच के बेचैन-सा हो जाता हूँ
        जब कभी दूर तसव्वुर में[6] निकल जाना हो
        मैं तेरी ज़ुल्फ़ में[7] कुछ अश्क[8] पिरो जाता हूँ

वक़्त ने मुझसे तुझे छीन लिया है लेकिन
        मैं जिऊँगा तेरे ख़्वाबों में समाने के लिए
मैं जिऊँगा तेरी अज़्मत[9] का निगहबाँ[10] बनकर
        मैं जिऊँगा तुझे ज़िल्लत से बचाने के लिए
मैं तेरे दिल पे कोई आँच न आने दूँगा
        मैं बढ़ूँगा तुझे सीने से लगाने के लिए

        ज़िन्दगी आईना-बरदोश खड़ी है कब से
        मुझको तेरी ही कोई शक्ल दिखाने के लिए

---

1. पूँजीपति 2. जीवन-रूपी उपवन 3. लोलुपता की 4. निर्धनता के 5. सोने-चाँदी के
6. कल्पना में 7. केशों में 8. आँसू 9. महानता का 10. संरक्षक

दुल्हन

जाग सहेली
जाग सँभल कर आँखें मल कर
ओ अलबेली

हुआ सबेरा
देख तो उठ कर गया नदी पर
साजन तेरा

नींद की माती
अपनी सुध ले बोल न उट्ठे
तेरी छाती

यूँ सोने से
तेरा उनका भेद खुलेगा
करवट भी ले
ओ अलबेली

खिलौना

उड़ा उड़ा सा रंग है
वो आ रही है जिस तरह कटी हुई पतंग है
निढाल अंग अंग है

अजीब रंग ढंग है
अयाग़[1] है, न बाग़[2] है, रबाब[3] है, न चंग[4] है
नदामतों[5] में जंग है

बुझी बुझी उमंग है
ये रास्ता तबील[6] है, वो रहगुज़ार तंग है
इन उलझनों पे दंग है
किधर मुड़े?
कहाँ चले?

---

1. प्याला 2. बगीचा 3, 4. वाद्य, बाजे 5. पछतावे 6. लम्बा

बाँझ मौसमों की रागिनी

वसंत भी नहीं
कि हफ़[1] रंग लूँ पीले पीले रंग में
बहार भी नहीं
कि फूल टाँक लूँ किसी नई उमंग में

ख़िज़ाँ[2] भी वो नहीं
कि ख़ुश्क पत्तियाँ ओस में भिगो सकूँ
समाँ[3] भी वो नहीं
कि जिसकी तल्ख़ियाँ सुरूर[4] में डुबो सकूँ

गुंग अपने साज़ की एक-एक झाँझ है
        किस तरह बशारतों[5] का हो जनम
जब दुल्हन ही मौसमों की बाँझ है

---

1. अक्षर 2. उजाड़, पतझड़ 3. वातावरण, नज़ारा 4. नशा 5. ख़ुशख़बरियों, शुभ संदेशों का

राख़

वही ख़िरामे-नाज़[1] है तो बाँकपन कहाँ गया?
लबों पे जो महक रहा था, वो चमन कहाँ गया?
मुझे बना रही है तू!
वहीं हैं गेसुओं के[2] ख़म[3] तो ये गुबार किसलिए?
बुझी-बुझी-सी ख़ुशबुओं में इन्तिशार किसलिए?
— फ़रेब खा रही है तू!
अगर वही है सादगी तो जिस्म क्यों निढाल है!
रोआँ-रोआँ है मुज़्महिल[4], उदास बाल-बाल है
— जिन्हें छुपा रही है तू!
अगर वही ग़रूर है तो ये झुकी निगाह क्यों?
लबों की जुंबिशों में[5] ये रुकी-रुकी-सी आह क्यों?
— कहाँ से आ रही है तू?
तेरा जमाले-ज़र-परस्त[6] कुछ तो काम कर गया!
तेरा ग़रूर बिक गया, मेरा ख़ुलूस मर गया!
— किसे मना रही है तू!

---

1. सुन्दर चाल 2. केशों के 3. बंक 4. उदास 5. होठों के हिलने में 6. धन का उपासक
सौन्दर्य

दाश्ता[1]

जब तक चेहरे की शिरयानें[2] सुर्ख़ लहू दौड़ाती हैं
जब तक महकी-महकी साँसें होंठों को गर्माती हैं
जब तक आम की मीठी क़ाशें[3] होंठ दिखाई देते हैं
जब तक नैनों में तारों के गीत सुनाई देते हैं
जब तक उजले माथे पर बिल्लूर का[4] धोखा होता है
जब तक पलकों के साये में ज़हन किसी का सोता है
जब तक अँगड़ाई से छाती पर अल्मास[5] निखरते हैं
जब तक शानों पर[6] काले रेशम के ढेर बिखरते हैं
जब तक चाल की चाल पे राहें छमक-छमक लहराती हैं
जब तक बाँहों के घेरे में किरनें झूम के आती हैं

    तब तक फूलों की सेजों पर अपना रैन बसेरा है
    ये जागीरें, ये कारें, ये चाँदी-सोना मेरा है

लेकिन कब तक ये जागीरें, ये कारें, ये झंकारें
जोबन ढल जाए तो नज़रें बन जाती हैं तलवारें
चेहरे की शादाबी[7] घुलकर ख़ून की लाली बनती है
प्यार की बात लबों पर[8] आकर कड़वी गाली बनती है
आम की मीठी क़ाशें रूप बदलकर ज़हर पिलाती हैं
नयनों की सब रागनियाँ चीख़ों के शहर बसाती हैं
उजले-उजले माथे के बिल्लूर में बाल[9] आ जाता है
पलकों के अलबेले साये में भूचाल आ जाता है

---

1. उपपत्नी, रखैल 2. धमनियाँ 3. फाँकें 4. काँच का 5. हीरे 6. कन्धों पर 7. निखार
8. होंठों पर 9. शीशे में तरेड़

अँगड़ाई से छाती के अल्मास पिघल से जाते हैं
रेशम के ढेरों में ज़हरीले फन्दे बल खाते हैं
    कब तक चाल की ताल पे कोई छमक-छमक लहराएगा
    कब तक बाँहों के घेरे में कोई झूम के आएगा

हँसी-ख़ुशी इन महलों में जी लेना कोई खेल नहीं
इस माहौल में[1] समय का[2] प्यार से कोई मेल नहीं
समय की इस मंडी में जब सौदे चुक जाते हैं
फूल-से चेहरे अरमानों के शो'लों से फुक जाते हैं
इस मंडी में प्यार का यूँ नीलाम उठाया जाता है
हर दो कौड़ी वाले को फ़िरऔन[3] बनाया जाता है
जिस्म की लज़्ज़त नंगी हो-होकर जी खोल के बिकती है
बिकने वाली जिंस यहाँ ख़ुद मुँह से बोल के बिकती है
    नई नई सोने चाँदी की हूरें ढाली जाती हैं
    ज़रदारों के[4] महलों में कुछ भेड़ें पाली जाती हैं

---

1. वातावरण में 2. पूँजी का 3. मिस्र देश के प्राचीन बादशाहों की उपाधि 4. पूँजीपतियों के

आज की बातें, कल के सपने

जब भी तनहा मुझे पाते हैं गुज़रते लम्हे[1]
तेरी तस्वीर सी राहों में बिछा जाते हैं
मैं कि राहों में भटकता ही चला जाता हूँ
मुझको ख़ुद मेरी निगाहों से छुपा जाते हैं

मेरे बेचैन ख़यालों पे उभरने वाली
अपने ख़्वाबों से न बहला मेरी तनहाई को
जब तेरी साँस मेरी साँस में तहलील[2] नहीं
क्या करेंगी मेरी बाँहें तेरी अँगड़ाई को

जब ख़यालों में तेरे जिस्म को छू लेता हूँ
ज़िन्दगी शो'ला-ए-माज़ी से[3] झुलस जाती है
जब गुज़रता हूँ ग़मे-हाल के[4] वीराने से
मेरे एहसास की नागन मुझे डँस जाती है

हमसफ़र[5] तुझको कहूँ या तुझे रहज़न[6] समझूँ
राह में ला के मुझे छोड़ दिया है तूने
एक वो दिन कि मेरा प्यार बसा था दिल में
एक ये वक़्त कि दिल तोड़ दिया है तूने

माज़ी-ओ-हाल की[7] तफ़रीक़[8], वो क़ुर्बत[9], ये फ़िराक़
प्यार गुलशन से चला आया है ज़िन्दानों में[10]

---

1. क्षण 2. विलय 3. अतीत के शोले से 4. वर्तमान के ग़म के 5. सहचर 6. डाकू 7. अतीत और वर्तमान 8. अन्तर 9. सामीप्य 10. कारावासों में

बेज़री[1] अपनी सदाक़त को[2] परखती ही रही
तुल गया हुस्न ज़रो-सीम के[3] मीज़ानों में[4]

ग़ैर से रेशम-ओ-कमख़्वाब की राहत[5] पाकर
तू मुझे याद भी आएगी तो क्या आएगी?
एक मुस्तक़बिले-ज़र्री की[6] तिजारत के लिए
तू मुहब्बत के तक़द्दुस को[7] भी ठुकराएगी

और मैं प्यार की तक़दीस पे[8] मरने वाला
दर्द बनकर तेरे एहसास में बस जाऊँगा
वक़्त आएगा तो इख़्लास का[9] बादल बनकर
तेरी सुलझी हुई रातों पे बरस जाऊँगा

---

1. निर्धनता 2. सच्चाई को 3. सोने-चाँदी के 4. तराजुओं में 5. सुख, आनन्द 6 सुनहले भविष्य की 7. पवित्रता को 8. पवित्रता पर 9. निःस्वार्थता का

रद्दे-अमल[1]

ऐ गदागर[2]! मुझे ईमान की सौग़ात न दे
मुझको ईमान से अब कोई सरोकार नहीं
मैंने देखा है इन आँखों से मुरव्वत का[3] मआल[4]
मुझको अब मेहरो-मुहब्बत से[5] कोई प्यार नहीं
मैंने इन्सान को चाहा भी तो क्या पाया है
अब मेरा कुफ़्र ख़ुदा का भी तलबगार[6] नहीं
जा किसी और से ईमान का सौदा कर ले
मैं तेरी नेक दुआओं का ख़रीदार नहीं

ऐ गदागर! मुझे ईमान की बख़्शिश के[7] इवज़[8]
ये दुआ क्यों नहीं देता कि मैं ज़रदार[9] बनूँ
बेच डालूँ सरे - बाज़ार[10] ज़मीरे - हस्ती[11]
और एहसास की ज़िल्लत का[12] अलमदार[13] बनूँ
आदमीयत का गला काट के इज़्ज़त पाऊँ
ज़ुल्म के साये में राहत का[14] तलबगार बनूँ
रोज़े-रोशन में[15] यतीमों के घरौंदे लूटूँ
और बेवाओं की दौलत का परस्तार[16] बनूँ

ऐ गदागर मुझे हैरान निगाहों से न देख
मेरा कुचला हुआ एहसास यही कहता है
देख इन शिंगरफ़ी[17] चेहरों के शफ़क़-रंग ख़ुतूत[18]
जिनसे मजबूर घरानों का लहू बहता है

---

1. प्रतिक्रिया 2. भिखारी 3. स्नेह का 4. परिणाम 5. कृपा और प्रेम से 6. इच्छुक 7. दान के
8. बदले 9. पूँजीपति 10. बाज़ार में 11. संसार की आत्मा 12. अपमान का
13. ध्वजावाहक 14. सुख का 15. चमकते दिन में (दिन-दहाड़े) 16. उपासक 17. गुलाबी
18. उषावर्ण नैन-नक्श

देख इन ऊँचे मकानात के[1] तहख़ानों को
जिनकी हर साँस में ज़हराब[2] घुला रहता है
देख ईमान की गिरती हुई दीवारों को
जिनकी ताअमीर में[3] इन्सान सितम[4] सहता है

ऐ गदागर! मुझे ईमान से क्या है लेना
इससे मुफ़्लिस की[5] क़बा[6] तक भी नहीं सिल सकती
ये जवाँ जिस्म, ये भरपूर निगाहें, ये सरूर
फ़िक्रे-इन्सान[7] बजुज़ इनके[8] नहीं खुल सकती
चार दिन ऐश से जीना है मुझे भी, लेकिन
हट के दौलत से कोई चीज़ नहीं मिल सकती
और दौलत वो शिकंजा है कि जिसमें फँसकर
हम तो क्या सित्वते-यज़दाँ[9] भी नहीं हिल सकती

---

1. मकानों के 2. विष 3. निर्माण में 4. अत्याचार 5. निर्धन की 6. चोला 7. मानव-विचार
8. इनके बिना 9. ख़ुदा का आतंक

लुढ़कता पत्थर

रोशनी डूब गई चाँद ने मुँह ढाँप लिया
अब कोई राह दिखाई नहीं देती मुझको
मेरे एहसास में कुहराम[1] मचा है लेकिन
कोई आवाज़ सुनाई नहीं देती मुझको

रात के हाथ ने किरनों का गला घोंट दिया
जैसे हो जाए ज़मीं-बोस[2] शिवाला कोई
ये घटाटोप अँधेरा, ये घना सन्नाटा
अब कोई गीत है बाक़ी न उजाला कोई

जिसने छुप-छुप के जलाया मेरी उम्मीदों को
वो सुलगती हुई ठंडक मेरे घर तक पहुँची
देखते-देखते सैलाबे-हवस[3] फैल गया
मौजे-पायाब[4] उभरकर मेरे सर तक पहुँची

मेरे तारीक़ घरौंदे को उदासी देकर
मुस्कराते हैं दरीचों में इशारे क्या-क्या
उफ़ ये उम्मीद का मदफ़न[5], ये मुहब्बत का मज़ार[6]
इस में देखे हैं तबाही के नज़ारे क्या-क्या

जिसने आँखों में सितारे-से कभी घोले थे
आज एहसास पे काजल सा बखेरा उसने
जिसने ख़ुद आ के टटोला था मेरे सीने को
ले लिया ग़ैर के पहलू में बसेरा उसने

---

1. कोलाहल 2. धरती से मिल जाए (ढह जाए) 3. लिप्सा की बाढ़ 4. प्रचंड या अथाह लहर
5.-6. क़ब्र

वो तलव्वुन[1], कि नहीं जिसका ठिकाना कोई
उसके अन्दाज़े-कुहन[2] आज नए तौर के हैं
वही बेबाक इशारे वही भड़के हुए गीत
कल मेरे हाथ बिके, आज किसी और के हैं

ये महकता सा, चहकता सा, उबलता सीना
उसकी मीयाद है दो रोज़ लिपटने के लिए
ज़ुल्फ़[3] बिखरी हुई बिखरी तो नहीं रह सकती
फैलता है कोई साया तो सिमटने के लिए

---

1. चपलता 2. पुराने ढंग 3. केश

आपबीती

मेरे ख़्वाबों के शबिस्ताँ में[1] उजाला न करो
कि बहुत दूर सवेरा नज़र आता है मुझे
छुप गए हैं मेरी नज़रों से ख़दो-ख़ाले-हयात[2]
हर तरफ़ अब्र[3] घनेरा नज़र आता है मुझे
चाँद-तारे तो कहाँ अब कोई जुगनू भी नहीं
कितना शफ़्फ़ाफ़[4] अँधेरा नज़र आता है मुझे

कोई ताबिंदा[5] किरन यूँ मेरे दिल पर लपकी
जैसे सोए हुए मज़लूम पे तलवार उठे
किसी नग़मे की सदा[6] गूँज के यूँ थर्राई
जैसे टूटी हुई पाजेब से झंकार उठे
मैंने पलकों को उठाया भी तो आँसू पाए
मुझसे अब ख़ाक जवानी का कोई बार उठे

तुमने रातों में सितारे तो टटोले होंगे
मैंने रातों में अँधेरे ही अँधेरे देखे
तुमने ख़्वाबों के परिस्ताँ तो सजाए होंगे
मैंने माहौल के[7] शबरंग[8] फरेरे[9] देखे
तुमने इक तार की झंकार तो सुन ली होगी
मैंने गीतों में उदासी के बसेरे देखे

मेरे ग़मख़्वार[10], मेरे दोस्त, तुम्हें क्या मालूम
ज़िन्दगी मौत की मानिंद गुज़ारी मैंने

---

1. शयनागार में 2. जीवन की रूप-रेखाएँ 3. बादल 4. निर्मल 5. उज्ज्वल 6. आवाज़
7. वातावरण के 8. रात के रंग वाले (काले) 9. झंडे 10. सहानुभूति-कर्ता

एक बिगड़ी हुई सूरत के सिवा कुछ भी न था
जब भी हालात की तस्वीर उतारी मैंने
किसी अफ़लाक-नशीं ने[1] मुझे दुत्कार दिया
जब भी रोकी है मुक़द्दर की[2] सवारी मैंने
मेरे ग़मख़्वार, मेरे दोस्त, तुझे क्या मालूम!

---

1. आकाशवासी ने 2. भाग्य की

रास्ते का फूल

निचोड़ लो मेरे जवाँ लबों का रस निचोड़ लो
मेरे उदास-उदास आरिज़ों के[1] फूल तोड़ लो

नफ़स-नफ़स में[2] ख़ुशबुओं का जाल बुन रही हूँ मैं
नज़र-नज़र से जुगनुओं के गीत चुन रही हूँ मैं
मेरी जबीं पे[3] रक़्स[4] कर रही हैं बेहिजाबियाँ[5]
छलक रही हैं मेरी बात-बात में गुलाबियाँ
लपक रही हैं मस्तियाँ बदन की हर उठान से
लचक रहे हैं अबरुओं के ख़म अजीब शान से
ये वक़्त रायगाँ[6] नहीं हवस का नख़्ल[7] सींच लो
मेरा गुदाज़ जिस्म अपने बाजुओं में भींच लो

मेरा बदन हज़ार ज़मज़मों को[8] तोलता रहा
मेरा शबाब ज़िन्दगी के राज़ खोलता रहा
मैं अनगिनत जवानियों से फाग खेलती रही
मैं हर नए अयाग़ में[9] शरर उँडेलती रही
कई चिराग़ जल के मेरी अंजुमन में खो गए
हज़ारों गीत ख़ामशी के बाजुओं पे सो गए
न जाने क्या कमी थी मेरे हुस्न के खुमार में
कि ज़िन्दगी न मिल सकी किसी को मेरे प्यार में

फ़रेब खा रही थी मैं, फ़रेब खा रही हूँ मैं
अभी तक अपनी हसरतों को आज़मा रही हूँ मैं

---

1. कपोलों के 2. श्वास-श्वास में 3. माथे पर 4. नृत्य 5. निर्लज्जताएँ 6. व्यर्थ 7. लोलुपता का पौदा 8. गानों को 9. प्याले में

मज़ाक़ सा बनी हुई हूँ क़ायनात के[1] लिए
पुकारता है हर कोई बस एक रात के लिए
मैं सोचती हूँ बेबसी का कुछ तो हक़ अदा करूँ
ये रात-भर की भीख आओ तुमको भी अता[2] करूँ

निचोड़ लो मेरे जवाँ लबों का रस निचोड़ लो
मेरे उदास-उदास आरिज़ों के[3] फूल तोड़ लो

---

1. दुनिया के 2. प्रदान 3. कपोलों के

तेरा मेरा एक उसूल

रात के गहरे सन्नाटे में सुनकर सहमी-सिमटी चाप
ध्यान की लहरों पर लहराए गाए इक रंगीन मिलाप
ऐ चाहत की देवी भाये मुझको भी ये मीठा पाप
फूल को समझे कौन बबूल
तेरा मेरा एक उसूल

रात-रात भर सुन-सुनकर सय्याल[1] सितारों के पैग़ाम
तेरी ही मानिंद भरे हैं मैंने भी आँखों के जाम
साथ निभाना काँटों का होता है कितना मुश्किल काम
ऐ बगिया के हँसते फूल
तेरा मेरा एक उसूल

डगर-डगर हमराही बनकर सबके हाथ में देना हाथ
हर मंज़िल की ऊँच-नीच से आँख बचाकर चलना साथ
कितना प्यारा जीवन तेरा, कितनी ऊँची तेरी ज़ात
ऐ रस्ते की उड़ती धूल
तेरा मेरा एक उसूल

नाम लिया है तूने इक सोची-समझी नादानी से
नाम मिटाया तूने अपना जन्नत की पेशानी से
ऊँची है इन्सान की अज़्मत गंदुम की सुल्तानी से
ऐ आदमी की पहली भूल[2]
तेरा मेरा एक उसूल

---

1. तरल 2. आदम अर्थात् प्रथम मनुष्य की ओर संकेत है, जिसने बहकावे में आकर गंदुम खा
ली थी और इस कारण जन्नत से निकाला गया था

ये हदें ये फ़ासले

दीदा-ए-हैरत से[1] मुझको देखती हैं आजकल
तेरे कूचे की पुरानी रहने वाली लड़कियाँ
सर झुकाए जब गुज़रता हूँ तेरे कूचे से मैं
चिलमनों को नोचती हैं ये निराली लड़कियाँ
डूब-सी जाती हैं माज़ी के[2] सुनहरे ख़्वाब में
गोरी-गोरी, पीली-पीली, काली-काली लड़कियाँ

मैं कि तेरी ख़ल्वतों से[3] कल तलक सरशार[4] था
आज तेरी जल्वतों से[5] भी सरासर दूर हूँ
एक नग़मा थी तुझे कल तक मेरे क़दमों की चाप
आज तेरे लब पे मैं इक हर्फ़े-नामश्कूर[6] हूँ
ये निगाहों की हदें, ये धड़कनों के फ़ासले
तुझसे अपना हाले-दिल कहने से भी माअ़ज़ूर हूँ

ज़िन्दगी के बेवफ़ा रंगों की ये क़ौसे-कुज़ह[7]
एक ही हदे-नज़र[8] पर क्यों तनी रहती नहीं
आरज़ुओं की ज़बां में प्यार कहते हैं जिसे
क्यों सदा उस पेड़ की छांओं घनी रहती नहीं
क्यों तलव्वुन के[9] लुटेरे लूट लेते हैं उन्हें
रहरवों में[10] ताबे-मंज़िल[11] क्यों बनी रहती नहीं

---

1. आश्चर्यचकित नेत्रों से 2. अतीत के 3. एकान्तवास या शयनागार से 4. उन्मत्त
5. साक्षात्कार 6. अकृतज्ञता का शब्द 7. इन्द्रधनुष 8. दृष्टि की सीमा 9. अधीरता के
10. राहियों में 11. मंज़िल पर पहुँचने की शक्ति

क्यों नहीं उठती है अब तेरी तरफ़ मेरी नज़र
सोचती होंगीं दिलों में भोली-भाली लड़कियाँ
कौन समझाए इन्हें तर्के-मुहब्बत का[1] सबब
हाय से कम-फ़हम[2] ये नाज़ों की पाली लड़कियाँ
दीदा-ए-हैरत से मुझको देखती हैं आजकल
तेरे कूचे की पुरानी रहने वाली लड़कियाँ

---

1. प्रेम के परित्याग का 2. विमूढ़

तरदीद[1]

और कोई बात छेड़ो—
ये मुहब्बत के फ़सुर्दा तज़्किरे किस काम के हैं
ये तो कुछ टुकड़े तुम्हारे बदनुमा अंजाम के[2] हैं
और कोई बात छेड़ो—

और कोई बात जिसमें क़हक़हे लहरा रहे हों
और कोई दास्तां जिसको कँवल दोहरा रहे हों
या फिर ऐसी गुफ़्तगू जिसमें सितारे गा रहे हों
कुछ नहीं तो मुस्कराओ, ज़ेरे-लब[3] नग़्मात[4] छेड़ो
और कोई बात छेड़ो—

ये भी कोई बात है इफ़्लास[5] और दौलत से हारे?
क्या कोई कश्ती कभी डूबी है दरिया के किनारे
तुम समझ पाए न थे शायद जवानी के इशारे
अब तो कोई और ही साज़ीना-ए-जज़्बात[6] छेड़ो
और कोई बात छेड़ो—

और कोई बात जो मेरे तुम्हारे काम आए
और कोई दास्तां जिसमें न ग़म का नाम आए
क्यों किसी की आबरू पर मुफ़्त में इल्ज़ाम आए
अब ये मफ़रूज़े[7] हटाओ, ज़िक्रे-इम्कानात[8] छेड़ो
और कोई बात छेड़ो—

ये मुहब्बत के फ़सुर्दा तज़्किरे किस काम के हैं
ये तो कुछ टुकड़े तुम्हारे बदनुमा अंजाम के हैं
और कोई बात छेड़ो—

---

1. खंडन 2. परिणाम, अंत 3. होंठों ही होंठों में 4. गीत 5. निर्धनता 6. भावनाओं का साज़
7. कल्पित बातें 8. संभावनाओं की चर्चा

रहगुज़र

फिर वही बढ़ते हुए, रुकते हुए क़दमों की चाप
फिर वही सहमी हुई, सिमटी हुई सरगोशियाँ
फिर वही बहकी हुई, महकी हुई-सी आहटें
फिर वही गाती-सी, लहराती-सी कुछ मदहोशियाँ

ज़िन्दगी तूफ़ान थी, सैलाब थी, भूचाल थी
वक़्त फिर भी करवटों पर करवटें लेता रहा
क़ाफ़िले इस राह पर आते रहे जाते रहे
राहबर[1] सबको मुसाफ़त का[2] सिला[3] देता रहा

वो तबस्सुम[4] जिसको रोते हैं कई उजड़े सुहाग
बन रहा है इक लचकता ख़ार अपने पाँव में
वो नज़र जो कल तलक हर जिस्म को डँसती रही
आज सुस्ताने लगी है मस्लहत की[5] छाँव में

कितनी उम्मीदों के मदफ़न[6] इसके हाथों बन चुके
कितने अरमानों के लाशे[7] इसने ख़ुद दफ़नाए हैं
आह ये मक़्तल[8] कि जिसकी पासबानी के लिए
कितने मुस्तक़बिल फ़ना के दोश[9] पर लहराए हैं

---

1. पथप्रदर्शक 2. फ़ासले का 3. बदला 4. मुस्कुराहट 5. अच्छा है या बुरा है, यह सोचकर चलने की 6. क़ब्रें 7. लाशें, शव 8. वधस्थल 9. कन्धे

कुल्फ़तों से[1] तंग आकर बेख़ुदी[2] की खोज में
क़ाफ़िले इस राह पर आते रहें जाते रहें
राहबर[3] सबको मुसाफ़त का सिला देता रहे
राहरौ[4] अपने तजस्सुम का[5] सिला पाते रहें

---

1. दुखों में 2. आत्मविस्मृति 3. पथप्रदर्शक 4. राही 5. तलाश

लग्ज़िश[1]

जिस्म की नौरस कली में!
एक एहसासे - जमाल[2]—
जैसे ठंडक छाँओं[3] की!

दिल की नाजुक धड़कनों में
एक नादीदा[4] ख़याल—
जैसे आहट पाँओं[5] की!

रात की तारीक़ियों में[6]
ज़ौफ़िगन[7] शम्मे - विसाल[8]—
जैसे खुलकर पौ फटे

और फिर तनहाइयों में
ख़ुद-फ़रेबी का[9] मलाल[10]—
ज़िन्दगी कैसे कटे?

---

1. डगमगाहट 2. सुन्दरता की अनुभूति 3. छाँव 4. अनदेखा 5. पाँव 6. अँधेरों में
7. ज्योतिर्मय 8. मिलन या सहवास का दीपक 9. आत्म-प्रवंचना का 10. पछतावा

ईद

भूख और प्यास की दलदल से हुमकने वालो
ईद का चाँद किसी हूर की आग़ोश नहीं
तुमने जो ख़्वाब निगाहों में सजा रक्खे हैं
उनके दामन में कोई नग़्मा-ए-गुलपोश[1] नहीं

इससे पहले भी कई चाँद उफ़्क़ पर[2] उभरे
लेकिन इन्सां के मुक़द्दर में[3] अँधेरा ही रहा
इससे पहले भी उठे हाथ दुआओं के लिए
लेकिन आँखों में घटाओं का बसेरा ही रहा

जब भी त्योहार कोई आता है लहराता हुआ
क़हक़हे इस्मते-इफ़्लास को[4] डँस जाते हैं
उफ़ वो सहमे हुए चेहरे जो निखरते ही नहीं
हाय वो लब जो तबस्सुम को[5] तरस जाते हैं

रस्म का पास है, दस्तूर की पाबंदी है
वर्ना ऐ फ़ाक़ाकशो! ईद हमारी तो नहीं
पेट और जिस्म के शफ़्फ़ाक़[6] तक़ाज़ों की क़सम
अपना एहसास शिकारी है, भिखारी तो नहीं

---

1. फूलों से ढका गीत 2. क्षितिज पर 3. भाग्य में 4. निर्धनता की लाज को 5. मुस्कराहट को
6. निर्मम

आज और कल

जब छलकते हैं ज़रो-सीम के[1] गाते हुए जाम
एक ज़हराब[2] सा माहौल में[3] घुल जाता है
काँप उठता है तिही-दस्त[4] जवानों का ग़रूर
हुस्न जब रेशमो-कमख़्वाब में तुल जाता है

मैंने देखा है कि इफ़्लास के[5] सहराओं में
क़ाफ़िले अज़्मते-एहसास के[6] रुक जाते हैं
बेकसी गर्म निगाहों को झुलस देती है
दिल किसी शो'ला-ए-ज़रताब से[7] फुक जाते हैं

जिन उसूलों से इबारत है[8] मुहब्बत की असास[9]
उन उसूलों को यहाँ तोड़ दिया जाता है
अपनी सहमी हुई मंज़िल के तहफ़्फ़ुज[10] के लिए
रहगुजारों में धुआँ छोड़ दिया जाता है

मैंने जो राज़ जमाने से छुपाना चाहा
तूने आफ़ाक़ पे[11] उस राज़ का दर[12] खोल दिया
मेरी बाँहों ने जो देखे थे सुनहरे सपने
तूने सोने की तराजू में उन्हें तोल दिया

---

1. सोने-चाँदी के 2. तरल विष 3. वातावरण में 4. खाली हाथ 5. निर्धनता के 6. भावों की महानता के 7. धन की उष्णता रखने वाला शो'ला 8. बनी हुई है 9. नींव 10. रक्षा 11. संसार पर 12. दरवाज़ा

आज इफ़्लास ने[1] खाई है ज़रो-सीम से[2] मात
इसमें लेकिन तेरे जल्वों का कोई दोष नहीं
ये तग़य्युर[3] इसी माहौल का[4] पर्वुर्दा[5] है
अपनी बेरंग तबाही का जिसे होश नहीं

रहगुज़ारों के धुँधलके तो ज़रा हट जाएँ
अपने तलवों से ये काँटे भी निकल जाएँगे
आज और कल की मुसाफ़त को[6] ज़रा तै कर लें
वक़्त के साथ इरादे भी बदल जाएँगे

---

1. निर्धनता ने 2. सोने-चाँदी से 3. परिवर्तन 4. वातावरण का 5. पाला हुआ 6. अन्तर या फ़ासले को

डरो उस वक़्त से

डरो उस वक़्त से
ऐ शायरो, नग़्माख़्वानो, ऐ सनमसाज़ो[1],
अचानक जब तुम्हारी सिम्त[2]
कुछ सदियों पुराने शीशमहलों से
सनासन तीर बरसेंगे

बहुत चिल्लाओगे तुम और पुकारोगे बहुत बाज़ौक़[3] दुनिया को
मगर बाज़ौक़ दुनिया का हर इक बाशिंदा
पहले ही से घायल हो चुका होगा

जो बाक़ी लोग होंगे, वो तुम्हारा साथ कब देंगे
कि वो तो रजअतों की[4] हेरोइन पीने के आदी हो चुके होंगे
उन्हें तो सिर्फ़ वो बातें ही मालूम होंगी
जहालत का अँधेरा और भी उनकी रगों में जिनसे भर जाए वो बातें
अक़्लो-इस्तदलाल का इक शायबा[5] जिनमें नहीं होता,
ये माना तुम बहुत समझाओगे उनको
मगर कोई न समझेगा
और इस दौरे-सियाही में जो बरपा कर्बला होगी
वहाँ कोई भी हुर[6] पैदा नहीं' होगा, तुम्हारी पासदारी को[7]
मिलेंगे सब तुम्हारे ख़ून के प्यासे

डरो उस वक़्त से
ऐ शायरो, ऐ नग़्माख़्वानो, ऐ सनमसाज़ो,
जो मुमकिन हो तो बढ़ कर रोक लो
उस आने वाले वक़्त का रस्ता!

---

1. मूर्तिकारो, बुतसाज़ो 2. ओर, तरफ़ 3. रुचिकर, आनन्दयुक्त, सहृदय 4. रूढ़िवाद, प्रतिक्रियावाद
5. बुद्धि और तर्क का दंचमात्र 6. आज़ाद ख़याल व्यक्ति 7. देखभाल, हिफाज़त के लिए

शहर आशोब[1]

रिश्त-ए-दीवारो-दर तेरा भी है मेरा भी है
मत गिरा इसको, ये घर तेरा भी है मेरा भी है

तेरे मेरे दम से ही क़ाइम हैं इसकी रौनकें
मेरे भाई, यह नगर तेरा भी है मेरा भी है

क्यों लड़ें आपस में हम इक-इक संगे-मील पर
इसमें नुक़साने-सफ़र तेरा भी है, मेरा भी है

शाख़ शाख़ उसकी हमेशा बाजु-ए-शफ़क़त[2] बनी
साया साया ये शजर[3] तेरा भी है मेरा भी है

खा गई कल नागहाँ[4] जिनको फ़सादों की सलीब
उनमें इक नूरे-नज़र[5] तेरा भी है मेरा भी है

अपनी हालत पर नहीं तन्हा कोई भी सोगवार
दामने-दिल तरबतर तेरा भी है मेरा भी है

कुछ तो हम अपनी ज़मीरों से भी कर लें मश्वरा
गर्चे रहबर मोतबर[6] तेरा भी है मेरा भी है

---

1. उर्दू नज़्म का एक रूप, जिसमें नागरिक जीवन की दुर्दशा का वर्णन किया जाता है
2. लाड़ भरा हाथ 3. वृक्ष, दरख़्त 4. अकस्मात, अचानक 5. बेटा 6. यद्यपि राह दिखाने वाला
याने अगुवा भरोसेमंद है

ग़म तो ये है गिर गई दस्तारे-इज़्ज़त[1] भी 'क़तील'
वर्ना इन काँधों पे सिर तेरा भी है मेरा भी है

मुआशरा[2]
शहर में जब भी हुआ क़त्ल कोई
मैंने घबरा के ये सोचा दिल में
मरनेवाला कहीं मैं ही तो नहीं!

---

1. इज़्ज़त की पगड़ी 2. समाज, सभ्यता

नई कहावतें

कोई बनिया जितना मीठा बोलता है
उतना ही कम तोलता है

जो कलियाँ पतझड़ की दुलहन बनती हैं
अक्सर कांटे जनती हैं

जैसे जैसे उतरे शौहर के मन से
बीबी लड़े पड़ोसन से

बाहर की हड्डी कुत्ता जब खाता है
मालिक पर गुर्राता है

लुटनेवाला आए नज़र कमज़ोर जहाँ
चोर मचाये शोर वहाँ

लोगों को सावन का यक़ीं तब आता है
मेंढक जब टर्राता है

चंद तंज़िया नज़्में

1

दुनिया ने मुझे कर दिया मुहतात[1] कुछ इतना
मैं कोई नया दोस्त बनाता नहीं यारो,
इस डर से कि उँगली न कोई काट के ले जाय
हर शख़्स से मैं हाथ मिलाता नहीं यारो

2

बड़ा मुंसिफ़ है अमरीका, उसे अल्लाह खुश रक्खे
'ब-ज़ोये-शेख़'[2] वह सबको बराबर प्यार देता है
किसी को हमला करने के लिए देता है मीसाइल
किसी को उनसे बचने के लिए राडार देता है

3

तू कई बार हुआ क़त्ल मगर ऐ मेरे दिल
तेरे मरने पे ये दुनिया कभी रोई भी नहीं
तेरा मज़हब तो है बस मज़हबे-इंसानियत
और इस नाम का मज़हब यहाँ कोई नहीं

4

किसी की भी नज़र जाती नहीं है सतह से आगे
यूँ ही होंठों से हम दावे सजाएँ भी तो क्या होगा
कभी यूँ गौहरे-मक़्सूद[3] हाथ आया नहीं करता
समंदर में जो हम सीढ़ी लगाएं भी तो क्या होगा

---

1. सतर्क 2. शेख़ी से भर कर 3. लक्ष्य रूपी मोती

5

आओ बताऊँ मैं तुम्हें सेहत का राज़े-ख़ास
ख़ुश रह के तुम हिफ़ाज़ते-सेहत किया करो
महसूस हो रही हो अगर ख़ून की कमी
हफ़्ते में एक बार मुहब्बत किया करो

6

कब हुए हैं सब के सब कुत्ते हलाक
अब तलक कुछ अहलेशर[1] मौजूद हैं
भौंकने वाले तो सब मारे गये
काटने वाले मगर मौजूद हैं

7

छड़ी पकड़ कर झुकी कमर से
जब वो सैर को जाता है
घड़ी निकल जाती है आगे
वो पीछे रह जाता है

8

शहर भर में कोई पूरा तौलनेवाला नहीं
है ख़रीदारों को लाहक़[2] ये नया ग़म आजकल
ताजिरों[3] की बात ही क्या, शायरों को देखिए
वज़न मिसरों का भी होता है कम-कम आजकल

---

1. बुरे या उपद्रवी लोग 2. लगा हुआ, जुड़ा हुआ 3. व्यापारी

9

उससे बिछुड़े हुए गो एक ज़माना बीता
लेकिन इस बात से तकलीफ़ मुझे होती है
कर गई जिसके लिए तर्के-तअल्लुक़[1] मुझसे
पा लिया उसको, तो अब मेरे लिए रोती है

10

सिमट सका न कभी ज़िंदगी का फैलाव
कहीं भी ख़त्म ग़मे-आशिकी नहीं होता
निकल ही आती है कोई न कोई गुंजाइश
किसी का प्यार कभी आख़िरी नहीं होता

11

वो किरन है, वो नग़्मा है, वो फूल है
मैं उसे शा'यरी की ज़रूरत कहूँ
लेकिन उसका तक़ाज़ा ये है, उसको मैं
सिर्फ़ औरत कहूँ, ख़ूबसूरत कहूँ

---

1. सम्बन्ध विच्छेद

ग़ज़लें

1

मुहब्बत हो रही है ताज़ादम, आहिस्ता आहिस्ता
बढ़ाएँ आप भी आगे क़दम, आहिस्ता आहिस्ता

थके पाँवों भी हम तेरे शबिस्ताँ[1] के मुसाफ़िर हैं
पहुँच ही जाएँगे मंज़िल पे हम आहिस्ता आहिस्ता

तिरा मिलना तो क्या, पैग़ाम ने ही कर दिया साबित
ख़ुशी आये तो मिट जाते हैं ग़म आहिस्ता आहिस्ता

ख़ुद उनको हमने अपने करब-ए-दिल में[2] बसाया था
अब इस काबे से निकलेंगे सनम आहिस्ता आहिस्ता

अभी तो वो हमारे शहरे-दिल के ख़ास मेहमाँ हैं
खुलेगा हुस्नवालों का भरम आहिस्ता आहिस्ता

बहुत कम आस रखनी चाहिए सैराबि-ए-दिल की[3]
बरसता है यहाँ अब्रे-करम[4] आहिस्ता आहिस्ता

'क़तील' अंजाम होता काश अपना आशिक़ों जैसा
कि दम देते किसी ज़ानू पे, हम आहिस्ता-आहिस्ता

---

1. शयनकक्ष 2. दिल रूपी काबा में 3. दिल की तृप्ति 4. मेहरबानी या कृपा के मेघ

2

ग़मे-हिज़्र से[1] न दिल को कभी हमकिनार करना[2]
मैं फिर आऊँगा पलट कर मेरा इंतज़ार करना

मुझे डर है मेरे आँसू तिरी आँख से न झलकें
ज़रा सोच कर संभल कर मुझे सोग़वार[3] करना

उसे ढूँढ़ सबसे पहले, जो मिला नहीं है तुझको
ये सितारे आस्माँ के कभी फिर तलाश करना

मिरे शहर की फ़िजा में कोई ज़हर भर गया है
तिरे हुस्न पर है लाज़िम इसे खुशगवार करना

मैं उठाऊँगा न अहसाँ तिरे बाद नाखुदा का[4]
मुझे तूने ही डुबोया, मुझे तू ही पार करना

यही रह गया मुदावा[5] मिरी बदगुमानियों का
तिरा मुस्कुरा के मिलना, मिरा ऐतबार करना

मिरे बदनसीब वाइज़[6], तिरी ज़िंदगी ही क्या है
न किसी से दिल लगाना न किसी से प्यार करना

कभी इक़्तदार बख़्शे[7] जो खुदा 'क़तील' तुझको
जो दमिश[8] है क़ातिलों की वो न इख़्तियार करना

---

1. विछोह या वियोग का दुख 2. बगलगीर या आलिंगन करना 3. शोकाकुल 4. नाविक, मांझी
5. इलाज 6. उपदेशक 7. सत्ता या शक्ति दे 8. तौर-तरीका

3

टूटने और बिखरने का चलन माँग लिया
हमने हालात से शीशे का बदन माँग लिया

जब सुना, आएँगे कुछ लोग नसीहत करने
एक दूजे से वहीं हमने वचन माँग लिया

वो मुसलमान थी, अल्लाह से शरमाती रही
और भगवान से गोरी ने सजन माँग लिया

ज़ोर था शैख़ो-बरहमन का हर इक बस्ती में
हमने रहने को अलग शहरे-सुख़न[1] माँग लिया

हम भी मौजूद थे तक़दीर के दरवाज़े पर
लोग दौलत पे गिरे, हमने वतन माँग लिया

जिसकी तहरीर[2] में होना था हमें दफ़्न 'क़तील'
उसने वापस वही काग़ज का कफ़न माँग लिया

---

1. शेरो-शायरी की बस्ती 2. लिखित प्रमाण

4

मैं उसका दोस्त हूँ वो ऐतिराफ़[1] करता था
मगर वो बातें भी मेरे ख़िलाफ़ करता था

सुना है गिरके मरा बादलों की सीढ़ी से
वो आसमान की छत में शिगाफ़[2] करता था

बना हुआ है वो छोटा-सा एक दरबारी
मिज़ाजे-शाह से जो इख़्तलाफ़[3] करता था

कमाल है कि हुआ वह भी नज़्रे-बेख़बरी
जो हम पे रोज़ नये इंकशाफ़[4] करता था

जनाबे-शैख़ से पहले खुदा भी था मुंसिफ़
मगर वो सबकी ख़ताएँ मुआफ़ करता था

वो क़त्ल हो गया बदसूरतों की महफ़िल में
जो सारे शहर के आइने साफ़ करता था

'क़तील' अब तो मज़ारों का भी है वही क़ाइल
खुदा से भी जो कभी इनहिराफ़[5] करता था

---

1. स्वीकार 2. छेद 3. असहमति 4. भेद खोलता था 5. अवहेलना, नाफ़रमानी

5

क्या हसीन आँच है, मगर क़रीब जाये कौन
उस बदन को छूके अपनी उँगलियाँ जलाये कौन

किसके इश्क़ में है दम कि ताज इक नया बनाये
अब दोबारा पत्थरों को चाँदनी पिलाये कौन

शहर में अजीब सी ख़बर उड़ी है क़त्ल की
उस गली में अपनी लाश देखने को जाये कौन

जब न होगा एक भी मुसाफ़िर इस ज़मीन पर
तब चलाएगा भला ये कारवाँ सराय कौन

सारे मौसमों की है 'क़तील' जब ख़बर हमें
बिजलियों के वास्ते फिर आशियाँ बनाये कौन

6

चाँदी जैसा रंग है तेरा, सोने जैसे बाल
इक तू ही धनवान है गोरी, बाक़ी सब कंगाल

हर आँगन में सजे न तेरे उजले रूप की धूप
छैल-छबीली रानी, थोड़ा घूँघट और निकाल

भर भर नज़रें देखें तुझको आते-जाते लोग
देख तुझे बदनाम न कर दे ये हिरनी सी चाल

सामने तू आये तो धड़कें मिल कर लाखों दिल
अब जाना धरती पर कैसे आते हैं भूचाल

बीच में रंगमहल है तेरा, खाई चारों ओर
हम से मिलने की अब गोरी तू ही राह निकाल

कर सकते हैं चाह तिरी अब सरमद या मंसूर
मिले किसी को दार यहाँ और खिंचे किसी की खाल

यह दुनिया है खुदगर्ज़ों की, लेकिन यार 'क़तील'
तूने हमारा साथ दिया तू जिये हज़ारों साल

7

इक जाम खनकता जाम, कि साक़ी रात गुज़रने वाली है
इक होश-रुबा[1] इनआम, कि साक़ी रात गुज़रने वाली है

वो देख सितारों के मोती हर आन बिखरते जाते हैं
अफ़लाक पे[2] है कुहराम[3], कि साक़ी रात गुज़रने वाली है

गो देख चुका हूँ पहले भी नज़्ज़ारा दरिया-नोशी का
इक और सला-ए-आम[4], कि साक़ी रात गुज़रने वाली है

ये वक़्त नहीं है बातों का पलकों के साये काम में ला
इल्हाम[5] कोई इल्हाम, कि साक़ी रात गुज़रने वाली है

मदहोशी में एहसास के ऊँचे ज़ीने से गिर जाने दे
इस वक़्त न मुझको थाम, कि साक़ी रात गुज़रने वाली है

---

1. होश उड़ा देने वाला 2. आकाश पर 3. शोर, बावेला 4. आम दावत 5. देव-वाणी

8

निगाहों में ख़ुमार आता हुआ महसूस होता है
तसव्वुर[1] जाम छलकाता हुआ महसूस होता है

ख़िरामे-नाज़[2]—और उनका ख़िरामे-नाज? क्या कहना
ज़माना ठोकरें खाता हुआ महसूस होता है

तसव्वुर एक ज़हनी-जुस्तजू का[3] नाम है शायद
दिल उनको ढूँढ़ कर लाता हुआ महसूस होता है

किसी की नुक़रई[4] पाज़ेब की झंकार के सदक़े
मुझे सारा जहाँ गाता हुआ महसूस होता है

'क़तील' अब दिल की धड़कन बन गई है चाप क़दमों की
कोई मेरी तरफ़ आता हुआ महसूस होता है

9

दिल को ग़मे-हयात[1] गवारा है इन दिनों
पहले जो दर्द था वही चारा[2] है इन दिनों

हर सैले-अश्क[3] साहिले-तस्कीं[4] है आजकल
दरिया की मौज-मौज[5] किनारा है इन दिनों

ये दिल, ज़रा सा दिल तेरी यादों में खो गया
ज़र्रे को आँधियों का सहारा है इन दिनों

तुम आ सको तो शब को[6] बढ़ा दूँ कुछ और भी
अपने कहे में सुबह का तारा है इन दिनों

---

(1) 1. कल्पना 2. सुन्दर चाल 3. मानसिक तलाश का 4. रजत (2) 1. जीवन का ग़म
2. उपचार 3. आँसुओं की बाढ़ 4. सन्तोष का तट 5. लहर-लहर 6. रात को

10

ज़ब्ते-फ़ुग़ां से[1] जी को जलाता रहा हूँ मैं
ख़ुद अपने घर को आग लगाता रहा हूँ मैं

अश्कों की आँच से मुझे मिलता रहा सुकूँ
शो'लों से दिल की प्यास बुझाता रहा हूँ मैं

उम्मीद, और वो भी हवादिस की[2] गोद में
इक शम्मअ आँधियों में जलाता रहा हूँ मैं

तक़मीले-जुस्तजू का[3] न आया कभी यक़ीं
मंज़िल से लौट-लौट के आता रहा हूँ मैं

अक्सर उबल पड़ी है मेरी ओक से शराब
यूँ भी दुआ को हाथ उठाता रहा हूँ मैं

झूठी तसल्लियों में कटी ज़िन्दगी 'क़तील'
आईना आईने को दिखाता रहा हूँ मैं

---

1. आर्त्तनाद को मन-ही-मन में दबाने से 2. दुर्घटनाओं की 3. तलाश की पूर्ति या सफलता का

11

गुंचों का रस, कलियों का मस एक ज़माने को ललचाए
हाय मगर वो फूल कि जिस पर काँटों को भी रोना आए

आँसू एक सुलगता आँसू–(ज़ब्त कहाँ तक हाथ बढ़ाए)
ये बिस हल्क़ से[1] कैसे उतरे, ये अंगारा कौन चबाए

चाँद की मशअल हाथ में लेकर वक़्त कहाँ तक घूम सकेगा
रात का ये ख़ूनीं सन्नाटा जाने क्या-क्या रंग दिखाए

यूँ तेरे माहौल में[2] ढलकर अपना आप भुला बैठा हूँ
जैसे टूटे तारे की जौ[3], जैसे ढलते चाँद के साए

12

ख़ौफ़े-महशर से[1] न घबराओ तुम ऐ बादाकशो[2]
दरे-तौबा[3] भी खुला है दरे-ज़िन्दां की[4] तरह

हम किया करते हैं अश्कों से[5] तवाज़ो[6] क्या-क्या
जब ख़्यालों में वो आ जाते हैं मेहमां की तरह

न कोई साज़, न संगीत, न पाजेब, न गीत
उफ़ ये माहौल[7] कि है शहरे-ख़मोशां की[8] तरह

हम तेरे मिस्र में आए हैं जुलेखा-ए-शिकम[9]
बिक न जाएँ कहीं हम यूसुफ़े-कनआँ की[10] तरह

---

(1) 1. कण्ठ से 2. वातावरण में 3. चमक (2) 1. प्रलय के भय से 2. पीने वालो 3. तौबा का दरवाज़ा 4. कारागार के दरवाज़े की 5. आँसुओं से 6. आतिथ्य 7. वातावरण 8. क़ब्रिस्तान की 9. पेट रूपी जुलेख़ा 10. इस्लाम धर्म के अनुसार हज़रत यूसुफ़ से संसार का तीन चौथाई सौन्दर्य था। इनके भाइयों ने ईर्ष्यावश उन्हें मिस्र के एक सौदागर के हाथ बेच दिया था। मिस्र के राज्यपाल की रूपवती मलिका जुलेखा इन पर आसक्त हो गयी थी। उसी ओर संकेत है।

13

निगाहों में चमक, दिल में ख़ुश महसूस करता हूँ
कि तेरे बस में अपनी ज़िन्दगी महसूस करता हूँ

थका देती हैं जब कौनेन की[1] पहनाइयाँ[2] मुझको
तेरे दर पर पहुँचकर ताज़गी महसूस करता हूँ

ये मजबूरी मुक़द्दर के उफ़क़ से[3] झाँकने वाले
तेरी आँखों में इक शर्मिन्दगी महसूस करता हूँ

जवानी को सज़ा-ए-लज़्ज़ते-एहसास[4] दे देना
मैं इस हद पर खुदा को आदमी महसूस करता हूँ

शबे-आख़िर[5] फ़लक पर[6] टिमटिमा कर डूबते तारे
मैं अपने साथ तेरा दर्द भी महसूस करता हूँ

---

1. दोनों दुनियाओं की 2. गहराइयाँ 3. भाग्य से 4. अनुभूति के आनन्द का दण्ड 5. रात के पिछले पहर 6. आकाश पर

14

तुम्हारी अंजुमन से उठके दीवाने कहाँ जाते
जो वाबस्ता हुए तुमसे वो अफ़साने कहाँ जाते

निकलकर दैरो-काबा से[1] अगर मिलता न मैख़ाना
तो ठुकराए हुए इन्सां ख़ुदा जाने कहाँ जाते

तुम्हारी बेरुखी ने लाज रख ली बादा-ख़ाने की[2]
तुम आँखों से पिला देते तो पैमाने कहाँ जाते

चलो अच्छा हुआ काम आ गई दीवानगी अपनी
वगर्ना हम ज़माने भर को समझाने कहाँ जाते

'क़तील' अपना मुक़द्दर ग़म से बेगाना अगर होता
तो फिर अपने-पराए हमसे पहचाने कहाँ जाते

---

1. मन्दिर-मसजिद से 2. शराबख़ाने की

15

आँखों में सवाल हो गई है
अब ज़ीस्त[1] वबाल[2] हो गई है

वो चोट जो दिल से भी छुपाई
अब तेरा ख़याल हो गई है

नज़रों पे फिसलती-रुकती सूरत
रक़्से-ख़दो-ख़ाल[3] हो गई है

आती नहीं राह पर तबीयत
शायद कि बहाल[4] हो गई है

16

प्यार तुम्हारा भूल तो जाऊँ लेकिन प्यार तुम्हारा है
ये इक मीठा ज़हर सही, ये ज़हर भी आज गवारा है

हाँप गए पतवार, सफ़ीने[1] चलते-चलते चूर हुए
ये है भँवर तो ऐ मल्लाहो! कितनी दूर किनारा है

हम तो एक अनोखी ज़िद में अपनी जान पे खेल गए
तुम ही बताओ उजड़ी रातो! क्या जीता क्या हारा है

ओ बेरहम मुसाफ़िर हँसकर साहिल की तौहीन न कर
हमने अपनी नाव डबोकर तुझको पार उतारा है

---

(1) 1. ज़िन्दगी 2. आपत्ति 3. नैन-नक्श का नृत्य 4. स्वस्थ (2) 1. नौकाएँ

17

बज़्मे-अंजुम से[1] नज़र घूम के लौट आई है
फिर वही मैं हूँ, वही आलमे-तनहाई[2] है

क्या तमाशा है कि आप अपना तमाशाई है
मेरा एहसास है या लाला-ए-सहराई[3] है

गुनगुनाती हुई आती हैं फ़लक से बूंदें
कोई बदली तेरी पाज़ेब से टकराई है

पास रहकर भी ये दूरी मुझे मंज़ूर नहीं
इससे बेहतर तो मेरा आलमे-तनहाई है

---

1. सितारों की महफ़िल से 2. एकान्त की स्थिति 3. मरुस्थल का फूल

18

अँगड़ाई पर अँगड़ाई लेती है रात जुदाई की
तुम क्या समझो, तुम क्या जानो बात मेरी तनहाई की

कौन सियाही घोल रहा था वक़्त के बहते दरिया में
मैंने आँख झुकी देखी है आज किसी हरजाई की

टूट गए सय्याल नगीने[1], फूट बहे रुख़्सारों पर[2]
देखो मेरा साथ न देना बात है ये रुसवाई की

वस्ल की[3] रात न जाने क्यों इसरार[4] था उनको जाने पर
वक़्त से पहले डूब गए, तारों ने बड़ी दानाई की

आप के होते दुनिया वाले मेरे दिल पर राज करें
आप से मुझको शिकवा है ख़ुद आप ने बेपरवाई की

उड़ते-उड़ते आस का पंछी दूर उफ़क़ में[5] डूब गया
रोते-रोते बैठ गई आवाज़ किसी सौदाई की

भँवर से बच निकलना तो कोई मुश्किल नहीं लेकिन
सफ़ीने[6] ऐन दरिया के किनारे[7] डूब जाते हैं

---

1. तरल रत्न 2. कपोलों पर 3. मिलन की 4. आग्रह 5. क्षितिज में 6. नौकाएँ 7. ठीक नदी
के तट पर

19

सदमे झेलूँ, जान पे खेलूँ, इससे मुझे इनकार नहीं है
लेकिन तेरे पास वफ़ा का कोई भी मेआर[1] नहीं है

ये भी कोई बात है आख़िर दूर ही दूर रहें मतवाले
हरजाई है चाँद का जोबन या पंछी को प्यार नहीं है

एक ज़रा सा दिल है जिसको तोड़ के भी तुम जा सकते हो
ये सोने का तौक़[2] नहीं, ये चाँदी की दीवार नहीं है

मल्लाहों ने साहिल-साहिल मौजों की[3] तौहीन तो कर दी
लेकिन फिर भी कोई भँवर तक जाने को तैयार नहीं है

फिर से वही सैलाबे-हवादिस[4] जाने दो ऐ साहिल वालो
या इस बार सफ़ीना[5] डूबा, या अब के मँझधार नहीं है

क़ैदे-क़फ़स[6] के बाद करेगा क़ैदे-गुलिस्ताँ[7] कौन गवारा
अब भी वही ज़ंजीरें हैं गो पहली सी झंकार नहीं है

न जाने कौन सी मंज़िल पे आ पहुँचा है प्यार अपना
न हमको एतबार अपना, न उनको एतबार अपना

---

1. स्तर 2. फन्दा 3. लहरों की 4. दुर्घटनाओं की बाढ़ 5. नाव 6. पिंजरे की क़ैद 7. उपवन
की क़ैद

20

इस धरती के शेषनाग का डंक बड़ा ज़हरीला है
सदियाँ गुज़रीं, आसमान का रंग अभी तक नीला है

मैं हूँ अपने प्यार पे क़ायम, अपनी रस्में वो जानें
और है ज़ात हसीनों की, और अपना और क़बीला है

मेरे उसके होंठ हिलें तो खिलें हज़ारों फूल, मगर
कुछ तो मैं चुप रहता हूँ, कुछ यार मिरा शरमीला है

आँसू टपके होंगे इन पर, हर्फ़ जभी तो फैल गये
रोया है ख़त लिखने वाला, जभी तो काग़ज़ गीला है

मैंने कहा, दो अजनबियों के दिल कैसे मिल जाते हैं
प्यार से बोली इक देवी, ये सब भगवान की लीला है

यूँ ही तो नहीं कहता रहता नज़्में, ग़ज़लें, गीत 'क़तील'
ये तो किसी की महफ़िल तक जाने का एक वसीला[1] है

---

1. रास्ता, तरीका, उपाय

21

कहूँ क्या फ़सान-ए-ग़म, उसे कौन मानता है
जो गुज़री है मुझ पर मिरा दिल ही जानता है

तू सबा[1] का है वो झोंका जो गुज़र गया चमन से
न वो रौनकें हैं बाक़ी, न कहीं समानता है

इसे मैं नसीब जानूँ कि बशर की खुदफ़रेबी[2]
कोई भर रहा है दामन, कोई ख़ाक छानता है

तिरा यूँ ख़याल आया मुझे ग़म की दोपहर में
कोई जैसे अपना आँचल मिरे सर पे तानता है

मैं निज़ामे-ज़र[3] की देवी से 'क़तील' आश्ना[4] हूँ
कहीं नाम इसका बानो, कहीं चंद्रकांता है

---

1. ठंडी हवा 2. इन्सान का खुद अपने साथ छलावा 3. सरमायेदारी या पूँजीवाद 4. सुपरिचित

22

तिरे गले में अगर मोतियों की माला है
ये देख किसने मकाँ अपना बेच डाला है

हमेशा झूठ हम आपस में बोलते आये
न मेरे दिल में, न तेरी ज़बाँ पे' छाला है

किताबे-उम्र[1] न छपवा सका मैं आज तलक
कि हर वरक़ पे[2] तिरे नाम का हवाला है

तिरी दुकाँ पे तो महँगी नहीं है जिंसे-वफ़ा[3]
जुलूस शहर में लोगों ने क्यों निकाला है

नहीं ज़रूर कि हो प्यार एक बार 'क़तील'
ये मीठा रोग कई बार हमने पाला है

---

1. उम्र की किताब, ज़िन्दगी का लेखा-जोखा 2. हर पृष्ठ पर 3. प्रेम अथवा वफ़ा नाम की चीज़

23

उदास शाम किसी ख़्वाब में ढली तो है
यही बहुत है कि ताज़ा हवा चली तो है

जो अपनी शाख़ से बाहर अभी नहीं आई
नई बहार के दामन में वह कली तो है

धुआँ तो झूठ नहीं बोलता कभी यारो
हमारे शहर में बस्ती कोई जली तो है

किसी के इश्क़ में हम जान से गये लेकिन
हमारे नाम से रस्मे-वफ़ा चली तो है

वो बिक चुका है तो अब ज़िल्लतें[1] खरीदेगा
कि उसकी जेब में सोने की इक डली तो है

किसी की हसरते-नाकाम[2] को न कोस ऐ दिल
ये बदनसीब तिरी गोद में पली तो है

हज़ार बंद हों दैरो-हरम के मैख़ाने[3]
मेरे लिए मेरे महबूब की गली तो है

'क़तील' से कोई कितना ही इख़्तलाफ़[4] करे
जवाँ ग़ज़ल का वो पहुँचा हुआ वली तो है

---

1. अपमान, उपेक्षा 2 अधूरी इच्छा 3. मन्दिर-मस्जिद के शराबघर 4. असहमत

24

ढल गया चाँद, गई रात, चलो सो जाएँ
हो चुकी उनसे मुलाक़ात, चलो सो जाएँ

दूर तक गूँज नहीं है किसी शहनाई की
लुट गई आस की बारात, चलो सो जाएँ

लोग इक़रारे-वफ़ा[1] करके भुला देते हैं
ये नहीं कोई नई बात, चलो सो जाएँ

शाम होती तो किसी जाम से जी बहलाते
बंद है अब तो ख़राबात[2], चलो सो जाएँ

इतने छींटों से भी धोया न गया दाग़े-अलम[3]
क्या कहेगी हमें बरसात, चलो सो जाएँ

जो है वेदार[4] यहाँ उसपे है जीना भारी
मार डालेंगे ये हालात, चलो सो जाएँ

हमने क्या कुछ न सरे-शाम कहा तुमसे 'क़तील'
आख़िरे-शब न मलो हाथ, चलो सो जाएँ

---

1. वफ़ा का वादा, प्रेम-प्रतिज्ञा 2. मैख़ाना, शराबख़ाना 3. दुखों का दाग 4. जागृत

25

एहतिरामे-लबो-रुख़्सार[1]   तक आ पहुँचे हैं
बुल्हवस[2] भी मेरे मेआर[3] तक आ पहुँचे हैं

जो हक़ायक़[4] थे वो अश्कों से[5] हम-आग़ोश[6] हुए
जो फ़साने थे वो सरकार तक आ पहुँचे हैं

क्या वो नज़रों को झरोके में मुअल्लक़[7] कर दें
जो तेरे साया-ए-दीवार[8] तक आ पहुँचे हैं

अपनी तक़दीर को रोते रहें साहिल वाले
जिनको आना था वो मँझधार तक आ पहुँचे हैं

अब तो खुल जाएगा शायद तेरी उल्फ़त का भरम
अहले-दिल[9] जुरते-इज़हार[10] तक आ पहुँचे हैं

एक तुम हो कि ख़ुदा बन के छुपे बैठे हो
एक हम हैं कि लबे-दार[11] तक आ पहुँचे हैं

---

1. होंठों और कपोलों का आदर-सम्मान 2. अत्यन्त लोलुप 3. स्तर, आदर्श 4. वास्तविकताएँ
5. आँसुओं से 6. आलिंगनबद्ध 7. लटकाये रखें 8. दीवार की छाया 9. दिल वाले 10. (प्रेम
के) प्रकट करने का साहस 11. सूली के मुँह (फन्दे)

26

सुकूने-दिल[1] तो कहाँ, राहते-नज़र[2] भी नहीं
ये कैसी बज़्म[3] है जिसमें तेरा गुज़र भी नहीं

भटक रहा है ज़माना घने अँधेरे में
वो रात है जिसे अंदेशा-ए-सहर भी नहीं

न जाने कौन-सी मंज़िल को ले चले हमको
वो हमसफ़र[4] जो हक़ीक़त में[5] हमसफ़र भी नहीं

बजा है शिकवा-ए-सदरंगी-ए-जमाल[6]—मगर
अब एतबार के क़ाबिल मेरी नज़र भी नहीं

मुफ़ादे-शोरिशे-तूफ़ाँ[7] इसी के दम से न हो
ये दिलफ़रेबी-ए-साहिल[8] जो बेज़रर[9] भी नहीं

तेरी निगाह का दिल को यकीं-सा है—वर्ना
सुनी है बात कुछ ऐसी कि मोतबर[10] भी नहीं

मैंने देखी है अभी प्यार की पहली मंज़िल
मुझ पे आँसू न बहाएँ दरो-दीवार अभी

मैं नई चोट भी सह लूँगा ख़ुलूसे-दिल से[11]
मेरा एहसास नहीं दर्द से बेज़ार अभी

---

1. मनःशान्ति 2. दृष्टि का सुख 3. सभा 4. सहचर 5. वास्तव में 6. सौंदर्य (प्रेयसी) के सौ-सौ रंग बदलने की शिकायत 7. तूफ़ान के कोलाहल का हित 8. तट की सुन्दरता 9. अहानिकारक 10. विश्वस्त 11. सच्चे दिल से

27

ज़िक्र मेरा और तेरे लब पर[1], याद मेरी और तेरे दिल में
झूठी आस दिलाने वाले आग न भड़का मेरे दिल में

मुझसे आँखें फेर के तूने ये मुश्किल भी आसाँ कर दी
वर्ना तेरे ग़म के बदले लेता कौन बसेरे दिल में

प्यार भरी उम्मीदों पर अग़ियार की[2] वो ज़रपोश[3] निगाहें
काँटों के पेवंद लगाकर तूने फूल बखेरे दिल में

पूछ रही है दुनिया मुझसे वो हरजाई चाँद कहाँ है
दिल कहता है ग़ैर के बस में, मैं कहता हूँ मेरे दिल में

काश कभी सफ़्फ़ाक[4] ज़माना मेरा सीना चीर के देखे
चैन के बदले दर्द ने अब तो डाल दिए हैं डेरे दिल में

डरते-डरते सोच रहा हूँ, वो मेरे हैं अब भी शायद
वर्ना कौन किया करता है यूँ फेरों पर फेरे दिल में

प्यार की पहली मंज़िल पर अनजान मुसाफ़िर देख रहा है
आँखों में संगीन[5] उजाले, और सय्याल[6] अँधेरे दिल में

उजड़ी यादो, टूटे सपनो, शायद कुछ मालूम हो तुमको
कौन उठाता है रह-रहकर टीसें शाम-सवेरे दिल में

---

1. होंठों पर 2. प्रतिद्वन्द्धी की 3. सुनहरी 4. निर्दय 5. कठोर 6. तरल

28

हालात की इस दोरंगी में क्या साथ हमारा उनका
गिर्दाब[1] हमारी क़िस्मत में, शादाब[2] किनारा उनका

हम उनकी आँखों से दुनिया को देख रहे हैं, वर्ना
एक-एक झरोका उनका है, एक-एक नज़ारा उनका

हर टीस के बाद कलेजे में ये ठंडक हल्की-हल्की
एहसास में घुलमिल जाता है दुख प्यारा-प्यारा उनका

जो दाग़ जिगर पर उभरे थे, वो आँसू बनकर टपके
यूँ भीगी पलकों ने एक-एक एहसान उतारा उनका

ये बात जुदा है आँखों की ख़ामोशी चीख़ उठेगी
इस दिल को वर्ना आज भी है हर जुल्म गवारा उनका

ख़ुर्शीद की[3] मस्त शुआओं को[4] वो कब तक रोक सकेंगे
ऐ रात कहाँ तक चमकेगा ज़रताब[5] सितारा उनका

---

1. भँवर 2. सुसिक्त 3. सूरज की 4. किरणों को 5. स्वर्णिम

29

ऐ दीदा-ए-गिर्यां[1] क्या कहिए, इस प्यार-भरे अफ़साने को
इक शम्मअ जली बुझने के लिए, इक फूल खिला मुझाने को

मैं अपने प्यार का दीप लिये आफ़ाक़ में[2] हर-सू[3] घूम गया
तुम दूर कहीं जा पहुँचे थे आकाश पे जी बहलाने को

वो फूल से लम्हे[4] भारी हैं अब याद के नाजुक शानों पर[5]
जो प्यार से तुमने सौंपे थे आग़ाज में[6] इक दीवाने को

ऐ पीरे-हरम[7]! ऐ पीरे-हरम! ये छेड़ पुराने रिंदों से[8]
क्या तेरा ये मंशा तो नहीं हम लौट चलें मैखाने को

ऐसी तो न हमने देखी थी बेनूर[9] चमक मजबूर खनक
क्यों साक़ी ने टकराया है पैमाने से पैमाने को

इस साथ फ़ना हो जाने से इक जश्न तो बर्पा होता है
यूँ तनहा जलना ठीक नहीं समझाए कोई परवाने को

मैं रात का भेद तो खोलूँगा जब नींद न मुझको आएगी
क्यों चाँद-सितारे आते हैं हर रात मुझे समझाने को

---

1. रोती हुई आँख 2. संसार में 3. हर ओर 4. क्षण 5. कन्धों पर 6. प्रारम्भ में 7. काबे की चारदीवारी (मस्जिद) के वयोवृद्ध रक्षक 8. मद्यपों से 9. प्रकाशहीन

30

जब भी कोई अदा तेरी बहला गई मुझे
अपनी तबाहियों पे हँसी आ गई मुझे

वो आरज़ू जिसकी मुरव्वत[1] का ज़ो'म[2] था
दिल से निकल के और भी तड़पा गई मुझे

जी चाहता है फिर कोई रुसवाई-ए-शबाब[3]
क्या फिर कोई अदा तेरी याद आ गई मुझे

उफ़ कितनी दर्दमंद है बरसात की घटा
बरसी तो अपने साथ ही बरसा गई मुझे

मुमकिन है इससे मौत भी गोश-आशना[4] न हो
जो बात बेरुख़ी तेरी समझा गई मुझे

अपनी नज़र भी अब मुझे पहचानती नहीं
शायद तेरी निगाहे-करम[5] खा गई मुझे

---

1. शील 2. घमंड 3. यौवन की बदनामी 4. कानों से परिचित 5. कृपादृष्टि

31

डरते नहीं ज़ख़्मों से, हम दारो-रसन वाले[1]
पत्थर न उठा हम पर, शीशे के बदनवाले

सोने की लहद[2] में भी शायद न सुकूँ पायें
लाशें हैं यहाँ जितने रेशम के क़फ़नवाले

जो याद दिलाते थे इक भूलनेवाले की
झोंके कहाँ वो यारो, पूरब की पवन वाले

रातें मिरी डूबी हैं तारीक[3] उजालों में
अब चाँद चमकने को आते हैं गहन वाले

तू आये, तो लगता है अपनी भी सहर[4] होगी
अंदाज़ हैं सब तेरे सूरज की किरन वाले

मंज़ूर परस्तिश[5] है इक साँवली सूरत की
ग़ज़लों में सजाता हूँ अल्फ़ाज़ भजन वाले

हम कुछ भी न बोलेंगे, जो चाहो हमें कह लो
हम लोग हैं परदेशी और तुम हो वतन वाले

बरबाद हुई फ़न में[6] इक उम्र 'क़तील' अपनी
मिलते हैं कहाँ हम से फ़नकार लगन वाले!

---

1. गले में रस्सी डाले फांसी के तख़्ते पर खड़े 2. समाधि, क़ब्र 3. अंधकारयुक्त 4. भोर, सुबह
5. पूजन-अर्चन 6. कला-साधना में

32

इक सहमी-सहमी आहट है, इक महका-महका साया है
एहसास की इक तनहाई में ये रात गए कौन आया है

ऐ शामे-अलम[1] कुछ तू ही बता, ये ढंग तुझे कुछ आया है
दिल मेरी खोज में निकला था और तुझको ढूँढ़ के लाया है

इक हल्की-हल्की धूप मिली उस कोमल रूप के पर्दों में
फागुन की ठिठुरती रातों को जब भादों ने गर्माया है

हरचन्द ग़रीबे-शहर[2] सही, इस शहर में भी लेकिन हमने
हर शाम सितारे चमकाए, हर गाम[3] तबस्सुम[4] पाया है

मैं फूल समझकर चुन लूँगा इन भीगे से अंगारों को
आँखों की इबादत का[5] मैंने पहले भी यही फल पाया है

हम दार पे[6] भी हैं ख़न्दा-ब-लब[7], ऐ बुल्हवसो[8] तुम क्या जानो
ये रीत हमीं से क़ायम है, ये गीत हमीं ने गाया है

कुछ रोज़ से बर्पा चार तरफ़ हैं शादी-ए-ग़म के[9] हंगामे
सुनते हैं चमन को माली ने फूलों का कफ़न पहनाया है

---

1. ग़म की शाम 2. परदेसी 3. क़दम-क़दम पर 4. मुस्कुराहट 5. उपासना का 6. सूली पर
7. मुस्कुरा रहे हैं 8. अत्यन्त लोलुपो 9. ग़म के उत्सव के

33

चेहरे की धूप में कभी जुल्फों की छाँव में
हम झूमते रहे हैं नशीली फ़ज़ाओं में[1]

क़ौसे-कुज़ह को[2] देख के याद आ रहे हो तुम
आंचल यूँ ही उड़ा था तुम्हारा हवाओं में

आवाज़ दी है तुमने कि धड़का है दिल मेरा
कुछ ख़ास फ़र्क़ तो नहीं दोनों सदाओं में[3]

अब और मेरे प्यार से क्या चाहिए तुझे
चर्चे तो हो रहे हैं तेरे गाँव-गाँव में

पेश आ चुका हो तुमको भी शायद ये हादिसा
ढूँढो तुम अपने ग़म को मेरी इल्तिजाओं[4] में

वो दिन मुझे खुदा न दिखाए कि जब 'क़तील'
होने लगे शुमार मेरा पारसाओं में[5]

34

साया-ए-जुल्फ़े-सियहफ़ाम[1] कहाँ तक पहुँचे
जाने ये सिलसिला-ए-शाम[2] कहाँ तक पहुँचे

दूर उफ़क़[3] पार सही, पा तो लिया है तुझको
देख हम ले के तेरा नाम कहाँ तक पहुँचे

ये बिलखती हुई रातें, ये सिसकते मंज़र
हम भी ऐ साक़ी-ए-गुलफ़ाम[4] कहाँ तक पहुँचे

न कहीं साया-ए-गुल[5] है, न कहीं ज़िक्रे-हबीब[6]
और अब गर्दिशे-अय्याम[7] कहाँ तक पहुँचे

हम तो रुसवा थे मगर उनकी नज़र भी न बची
हम पे आए हुए इल्ज़ाम कहाँ तक पहुँचे

मुत्मइन गर्मी-ए-एहसासे-ज़फ़ा से[8] भी कहीं
दिल को पहुँचे भी तो आराम कहाँ से पहुँचे

उनकी आँखों को दिए थे जो मेरी आँखों ने
किससे पूछूँ कि वो पैग़ाम कहाँ तक पहुँचे

---

1. अत्यन्त काले केशों की छाया 2. संध्या-क्रम 3. क्षितिज 4. पुष्पवर्ण (सुन्दर) साक़ी
5. फूलों की छाया 6. मित्र या प्रेयसी की चर्चा 7. समय का चक्र 8. बेवफ़ाई के अनुभव
की गर्मी से

35

हादिसे फैल गए साया-ए-मिज़गाँ की[1] तरह
ग़मे-दौराँ[2] भी मिला है ग़मे-जानाँ की[3] तरह

लाख पैबंद उमीदों ने लगा रक्खे हैं
दिल की सूरत नज़र आती है गिरेबाँ की तरह

कोई अफ़लाक़-नशीं[4] है तो पुकारे मुझको
हसरतें ख़ाक-ब-सर[5] हैं मेरी तूफ़ाँ की तरह

और होंगे वो, मयस्सर है जिन्हें लुत्फ़े-बहार
हम तो गुलशन में भी रहते हैं बियाबाँ की तरह

जो भी गुल है, गुले-फ़िरदौस[6] बना बैठा है
कौन खिलता है यहाँ गुंचा-ए-इसियाँ की[7] तरह

ये भी एजाज़[8] कहीं बादे-मुख़ालिफ़ का[9] न हो
दिल उड़ा जाता है औरंगे-सुलेमाँ की[10] तरह

---

1. पलकों के सायों की 2. संसार का ग़म 3. प्रेयसी के ग़म की 4. आकाशवासी 5. सिर में मिट्टी भरे हुए 6. जन्नत का फूल 7. पाप के फूल की 8. चमत्कार 9. उल्टी हवा का 10. सुलेमान के शाही तख्त की

36

परीशाँ रात सारी है, सितारो तुम तो सो जाओ
सुकूते-मर्ग[1] तारी है[2], सितारो तुम तो सो जाओ

हँसो और हँसते-हँसते डूबते जाओ ख़लाओं में[3]
हमीं पर रात भारी है सितारो तुम तो सो जाओ

हमें तो आज की शब[4] पौ फटे तक जागना होगा
यही क़िस्मत हमारी है सितारो तुम तो सो जाओ

तुम्हें क्या? आज भी कोई अगर मिलने नहीं आया
ये बाज़ी हमने हारी है, सितारो तुम तो सो जाओ

हमें भी नींद आ जाएगी हम भी सो ही जाएँगे
अभी कुछ बेक़रारी है, सितारो तुम तो सो जाओ

मगर नहीं मेरे दिल को गिला नहीं तुझसे
उसूल ये है कि जिसने जिसे पसन्द किया

---

1. मृत्यु की-सी चुप्पी 2. छाई है 3. शून्य में 4. रात

37

तरबख़ाने के[1] नग़मे ग़मकदों को[2] भा नहीं सकते
हम अपने जाम में अपना लहू छलका नहीं सकते

चमन वाले खिजाँ के नाम से घबरा नहीं सकते
कुछ ऐसे फूल भी खिलते हैं जो मुझा नहीं सकते

समाअत[3] साथ देती है तो सुनते हैं वो अफ़साने
जो पलकों से झलकते हैं, ज़बाँ पर आ नहीं सकते

अब आकर लाज भी रख ले ख़िजां-दीदा[4] बहारों की
ये दीवाने फ़सानों से तो जी बहला नहीं सकते

चलो पाबंदी-ए-फ़र्याद[5] भी हम को गवारा है
मगर वो गीत जो हम मुस्कराकर गा नहीं सकते

हमें पतवार अपने हाथ में लेने पड़ें शायद
ये कैसे नाखुदा[6] हैं जो भँवर तक जा नहीं सकते

---

1. क्रीड़ा-स्थलों के 2. शोक-स्थलों को 3. श्रवण-शक्ति 4. पतझड़ देखी हुई 5. आर्त्तनाद का निरोध 6. माँझी

38

चमन-चमन फ़रेबे-रंगो-बू[1] है और कुछ नहीं
बस हक जमाले-ख़ाम[2] चार-सू[3] है और कुछ नहीं

क़फ़स में[4] आशियाँ का[5] नाम सुन के मुत्मइन न हो
ये बाग़बाँ का हुस्ने-गुफ़्तगू[6] है और कुछ नहीं

सरूरे-मय कहाँ, कि दिल की तश्नगी[7] बुझाएँ हम
इस अंजुमन में साया-ए-सुबू[8] है और कुछ नहीं

तुम्हें गुलों की बेबसी में हुस्न की तलाश है
ये जुस्तजू बराए-जुस्तजू है और कुछ नहीं

खटक रही है जो अभी ज़मीरे-क़ायनात में[9]
लुटी हुई बशर की[10] आबरू है और कुछ नहीं

निजामे-इक्तिदार के[11] नए-नए मुसव्विरो[12]
तुम्हारा मू-क़लम[13] लहू-लहू है और कुछ नहीं

---

1. रंग तथा सुगन्धि का धोखा 2. अपक्व सौन्दर्य 3. चारों ओर 4. पिंजरे में 5. घोंसले का
6. सुन्दर बातचीत 7. प्यास 8. शराब के मटके की छाया 9. ब्रह्माण्ड की आत्मा में
10. मनुष्य की 11. आधिपत्य की व्यवस्था के 12. चित्रकारो 13. तूलिका

39

अर्सा-ए-शौक़ में[1] दिल की यही तक़दीर सही
ख़मे-काकुल[2] न सही हल्का-ए-ज़ंजीर[3] सही

कौन जाने कि सरे-बाम[4] हैं शो'ले क्या-क्या
मुत्मइन साया-ए-दीवार से[5] रहगीर[6] सही

आ मिलेंगे दरे-ज़िन्दा पे[7] तेरे दीवाने
अब के तंजीमे-जुनूँ की[8] यही तदबीर सही

यूँ भी लाज़िम थी हम-आँहगी-ए-अरबाबे-वफ़ा[9]
मर्गे-अंबोह से[10] इक जश्ने-हमागीर[11] सही

इक जहाँ आप के अंदाज़े-सितम जान गया
आप कहते हैं तो ये भी मेरी तक़सीर[12] सही

अपने पहलू में सजा लो तो इसे चैन आए
दिल मेरा ग़म की धड़कती हुई तस्वीर सही

तब तेरा नाम सरे-बज़्म[13] लिया करते थे
अब तेरा ज़िक्र पसे-पर्दा-ए-तहरीर[14] सही

---

1. शौक़ के मैदान में 2. केशों के छल्ले 3. ज़ंजीर की कड़ियाँ 4. छत पर 5. दीवार की छाया से 6. पथिक 7. कारागार के दरवाज़े पर 8. उन्माद की व्यवस्था की 9. प्रेम निभाने वालों का सहमत होना 10. सामूहिक मृत्यु से 11. सार्वभौम उत्सव 12. दोष 13. भरी सभा में 14. लेखन के पर्दे के पीछे

40

होटों पर मौक़ूफ़[1] नहीं एक-एक नज़र फ़र्यादी है
काश कोई समझाए मुझको ये कैसी आज़ादी है

ख़ून से लिथड़े चेहरे पर ये भूखी-नंगी रअनाई[2]
देख ज़माने देख ये मेरे ख़्वाबों की शहज़ादी है

हर काँटे की नोक पे सो-सौ लाशे[3] कोमल कलियों के
चीख़ रहा है गुलशन-गुलशन गिर्यां[4] वादी-वादी है

पत्ती-पत्ती, डाली-डाली कोस रही है मौसम को
लेकिन अपने बाग़ का माली इन बातों का आदी है

शुक्र करो ऐ गुलशन वालो आज क़फ़स की[5] क़ैद नहीं
बाग़ में भूखों मरने की हर पंछी को आज़ादी है

---

1. समाप्त 2. सुन्दरता 3. शव 4. रोदन कर रही है 5. पिंजरे की

41

हमको तो इन्तिज़ारे-सहर[1] जो कुबूल है
लेकिन शबे-फ़िराक़[2]! तेरा क्या उसूल है

ऐ माहे-नीम-शब[3] तेरी रफ़्तार के निसार[4]
ये चाँदनी नहीं तेरे क़दमों की धूल है

काँटा है वो कि जिसने चमन को लहू दिया
ख़ूने-बहार जिसने पिया है, वो फूल है

देखा था अहले-दिल ने कोई सर्वे-नौ-बहार[5]
दामन उलझ गया तो पुकारे बबूल है

बाक़ी है पौ फटे भी सितारों की रोशनी
शायद मरीज़े-शब की[6] तबीयत मलूल[7] है

लुटकर समझ रहे हैं कि नादिम[8] है राहज़न[9]
कितनी हसीन अहले-मुरव्वत की[10] भूल है

---

1. सुबह की प्रतीक्षा 2. जुदाई की रात 3. आधी रात के चाँद 4. बलिहारी 5. नव वसंत का
सर्व (लम्बा और सुन्दर वृक्ष जिससे प्रेयसी के क़द की उपमा दी जाती है) 6. रात के रोगी की
7. अस्वस्थ 8. लज्जित 9. लुटेरा 10. शीलवानों की

42

हालात की[1] भीगी रात भी है जज़्बात का तेज़ अलाओ[2] भी
मैं कौन सी आग में जल जाऊँ ऐ नुक्ता-वरो समझाओ भी

हरचन्द[3] नज़र ने झेले हैं हर बार सुनहरे घाओ[4] भी
हम आज भी धोखा खा लेंगे तुम भेस बदलकर आओ भी

ऐ चारागरो, ऐ चारागरो! क्या देख रहे हो, जाओ भी
हालात उलझते जाते हैं, हालात को अब सुलझाओ भी

गिर्दाब के[5] ख़ूनी-हल्क़ों से जब खेल चुकी है नाओ भी
पतवार बदलना क्या मानी? मल्लाहों को समझाओ भी

बेकैफ़[6] झकोले काँटों को शादाब[7] तो क्या कर पाएँगे
जो फूल पड़े हैं राहों में, उन फूलों को महकाओ भी

हम से तो जफ़ाओं के शिकवे तुम हँसकर छीन भी सकते हो
हम दिल को पशेमाँ कर लेंगे तुम प्यार से आँख झुकाओ भी

गुलरंग[8] चिरागों की लौ से तारीक़[9] उजाले फूट बहे
हर ताक़ में घोर अँधेरा है इस रंगमहल को ढाओ भी

---

1. परिस्थितियों की 2. अलाव 3. यद्यपि 4. घाव 5. भँवर के 6. मादकता-रहित 7. सुसिक्त
8. पुष्प-वर्ण 9. अन्धकारपूर्ण

43

अपने हाथों की लकीरों में बसा ले मुझको
मैं हूँ तेरा तो नसीब अपना बना ले मुझको

मैं जो काँटा हूँ तो चल मुझसे बचाकर दामन
मैं हूँ गर फूल तो जूड़े में सजा ले मुझको

मैं खुले दर के किसी घर का हूँ सामाँ, प्यारे
तू दबे पाँव, कभी आ के चुरा ले मुझको

तर्के-उल्फ़त[1] की क़सम भी कोई होती है क़सम
तू कभी याद तो कर भूलनेवाले मुझको

मुझसे तू पूछने आया है वफ़ा के मानी
ये तिरी सादादिली मार न डाले मुझको

मैं समन्दर भी हूँ, मोती भी हूँ, ग़ोताज़न[2] भी
कोई भी नाम मिरा ले के बुला ले मुझको

तूने देखा नहीं आईने से आगे कुछ भी
खुदपरस्ती[3] में कहीं तू न गँवा ले मुझको

बादा[4] फिर बादा है, मैं ज़हर भी पी जाऊँ 'क़तील'
शर्त ये है कोई बाँहों में सँभाले मुझको

---

1. प्रेम का त्याग 2. गोताख़ोर 3. अभिमान 4. शराब

44

जाम तोड़ूँ भी तो आँखों से पिलाना चाहे
फिर वो ज़ालिम मुझे मैख़्वार[1] बनाना चाहे

उसका वो प्यार कि बरसात की पहली बारिश
जिसमें इनसान लगातार नहाना चाहे

जब भी आए वो, लगे मुझको वो उकताये हुए
लेकिन ऐसे कि पलटकर भी न जाना चाहे

जुर्म क्या था मिरा इज़हारे-तमन्ना के सिवा
वो मुझे ज़ब्त की सूली पे चढ़ाना चाहे

दिल को यूँ थपकियाँ देता हूँ कि जैसे कोई माँ
अपने रोते हुए बच्चे को सुलाना चाहे

मैं हूँ फ़रसूदा रवायत से बहुत दूर 'क़तील'
मैं भी क्यों चाहूँ वही जो ये ज़माना चाहे

---

1. मद्यप

45

तूने ये फूल जो ज़ुल्फ़ों में सजा रक्खा है
इक दिया है जो अँधेरों में जला रक्खा है

जीत ले जाए मुझे कोई नसीबोंवाला
ज़िन्दगी ने मुझे दाव पे लगा रक्खा है

जाने कब दिल में कोई झाँकने आ जाए
इसलिए मैंने गरेबान खुला रक्खा है

इम्तिहान और मेरे ज़ब्त का तुम क्या लोगे
मैंने धड़कन को भी सीने में छिपा रक्खा है

दिल था इक शोला, मगर बीत गए दिन वो 'क़तील'
अब कुरेदो न इसे, राख में क्या रक्खा है

46

ये मेरा शह्रे-वफ़ा और मैं अकेला आदमी
मेरे लाखों आशना और मैं अकेला आदमी

एक ही सर है, झुका सकता हूँ किस-किसके लिए
अनगिनत मेरे ख़ुदा और मैं अकेला आदमी

घूमता फिरता हूँ शायद मुझ सा कोई आ मिले
ग़म के मेले जा-बजा[1] और मैं अकेला आदमी

अपनी तनहाई से भी होती नहीं अब गुफ़्तगू[2]
बेकराँ[3] क़ैदे-अनाँ[4] और मैं अकेला आदमी

मेरा साया मर न जाए रात के इस दश्त[5] में
इतना लम्बा रास्ता और मैं अकेला आदमी

उसकी रहमत के हज़ारों दर मगर वह बेनियाज़[6]
मेरे सौ दस्ते-दुआ[7] और मैं अकेला आदमी

दर्द के इलहाम[8] नाज़िल हो रहे हैं दम-बदम
दिल का ये ग़ारे-हिरा[9] और मैं अकेला आदमी

मिलके हव्वा से किया आबाद इसे मैंने 'क़तील'
ये जहाँ मेरी अता[10] और मैं अकेला आदमी

---

1. जगह-जगह 2. बातचीत 3. असीम 4. अहं की क़ैद 5. जंगल 6. उदासीन 7. दुआ के हाथ
8. देववाणी 9. हिरा नाम की गुफा (जहाँ मुहम्मद साहब को ज्ञान प्राप्त हुआ) 10. देन

47

जब भी चाहें इक नई सूरत बना लेते हैं लोग
एक चेहरे पर कई चेहरे सजा लेते हैं लोग

मिल भी लेते हैं गले वह अपने मतलब के लिए
आ पड़े मुश्किल तो नज़रें भी चुरा लेते हैं लोग

खुदफ़रेबी की उन्हें आदत-सी शायद पड़ गई
हर नए रहज़न को सीने से लगा लेते हैं लोग

है बजा उनकी शिकायत लेकिन इसका क्या इलाज
बिजलियाँ ख़ुद अपने गुलशन पर गिरा लेते हैं लोग

हो ख़ुशी उनको भी हासिल, ये ज़रूरी तो नहीं
ग़म छिपाने के लिए भी मुस्कुरा लेते हैं लोग

इस क़दर नफ़रत है उनको तीरगी के नाम से
रोज़े-रौशन में भी अब शमएँ जला लेते हैं लोग

ये भी देखा है कि जब आ जाए ग़ैरत का मुक़ाम
अपनी सूली अपने काँधे पर उठा लेते हैं लोग

रौशनी है उनका ईमाँ, रोक मत उनको 'क़तील'
दिल जलाते हैं ये अपना, तेरा क्या लेते हैं लोग

48

किसी महफ़िल में भी दीवाना जाए
तेरे ही नाम से पहचाना जाए

किसी दर पे न जाए तेरा दरवेश
अगर जाए तो फिर शाहाना[1] जाए

रक़ाबत[2] एक अच्छा मश्ग़ला है
मगर इस खेल में याराना जाए

करूँ मैं बुख़्ल[3] का साक़ी से शिकवा
तो मेरे हाथ से पैमाना जाए

'क़तील' अपनी ज़बाँ क़ाबू में रखना
सुख़न[4] से आदमी पहचाना जाए

---

1. बादशाहों की तरह 2. प्रतियोगिता 3. कंजूसी 4. काव्य

49

वफ़ा के जंगलों में खो गया, तो
मिरे दिल को अगर कुछ हो गया, तो

बहुत इल्ज़ाम आये धूप के सर
जो सायों में मुसाफ़िर खो गया, तो

मुअज़्ज़िन[1] की अज़ाँ बरहक़[2] है लेकिन
नमाज़ी जाग कर फिर सो गया, तो

जहाँ दरकार हैं लफ़्ज़ों की फ़स्लें
वहाँ कोई ख़मोशी बो गया, तो

'क़तील' इक दाग़ है तौबा का मुझ पर
कोई बादल उसे भी धो गया, तो?

---

1. सुबह की अज़ान देने वाला 2. उचित, ठीक

50

चाँदनी समोई है नुक़रई ज़बीनों में[1]
रात क्यों न हम काटें जाग कर हसीनों में

उफ़् वो नींद के साये नीमबाज़[2] आँखों में
भर रहा हो मै जैसे कोई आबगीनों में[3]

बदलियाँ हों सावन की या समां हो फागुन का
हसरतें सुलगती हैं भीगते महीनों में

मुद्दतें हुई तुझको दिल दिये हुए लेकिन
अपना ज़िक्र छिड़ता है अब भी नाज़नीनों में

जाने तेरी सखियों ने तुझसे क्या कहा होगा
हम तो हो गये रुस्वा[4] अपने हमनशीनों[5] में

---

1. चांदी जैसे माथों में 2. अधखुली 3. सुराही 4. बदनाम 5. दोस्त, साथ बैठने वाला

51

वो सावन जिसमें ज़ुल्फ़ों की घटा छाई नहीं होती
जो बरसे भी तो सैराब[1] अपनी तनहाई नहीं होती

जनाबे-इश्क़ करते हैं करम[2] कुछ ख़ास लोगों पर
हर इंसाँ के मुक़द्दर में तो रुसवाई[3] नहीं होती

ये वाइज़[4] है, नहीं तक़रीर[5] में रखता जवाब अपना
मगर इस शख़्स की बातों में सच्चाई नहीं होती

जहाँ साक़ी के ईमाँ पर कोई कमज़र्फ़[6] आ बैठे
वहाँ ख़ुशज़ौक़ रिंदों[7] की पज़ीराई[8] नहीं होती

कभी चेहरे बदल कर भी यहाँ कुछ लोग आते हैं
कभी कुछ देखती आँखों में बीनाई[9] नहीं होती

'क़तील' अक्सर ये देखा है, किसी मुफ़लिस के आंगन में
बरात आये, तो उसके साथ शहनाई नहीं होती

'क़तील' उस शख़्स का क्या वास्ता मेरे क़बीले से
वफ़ा के जुर्म में जिसने सज़ा पाई नहीं होती

---

1. सरसब्ज़, सिंचित 2. कृपा 3. बेइज़्ज़ती 4. धर्मोपदेशक 5. व्याख्यान, प्रवचन 6. छिछोरा,
बेईमान 7. सुरुचिसंपन्न पीनेवाले 8. क़द्र, इज़्ज़त 9. दृष्टि

নবম

तेरा आँचल रंग-रँगीला

तेरा आँचल रंग-रँगीला, रंग-रंग में बास नई
मेरे मन की आस पुरानी, तेरे तन की आस नई

तू बगिया की तितली बनकर फूल-फूल पर झूले
कली-कली से प्यार बढ़ाये, रुत-रुत के दुख भूले
एक समान है तुझको-सावन हो या सरसों फूले

तेरा जोबन एक पहेली, तेरी आस-निरास नई
तेरा आँचल रंग-रँगीला, रंग-रंग में बास नई

रूप-रंग में तेरी मुँहफट चंचलता इतराये
अंग-अंग में सजी-सजाई सुंदरता बल खाये
संग-संग अनदेखे सपनों की शोभा लहराये

जीवन के हर मोड़ पे तेरी आस रचाये रास नयी
तेरा आँचल रंग-रँगीला, रंग-रंग में बास नयी

एक उड़ान से तू उकताये बार-बार पर तोले
एक चाल ना भाये तुझको क़दम-क़दम पर डोले
इस पर भी मन मूरख मेरा तेरी ही जय बोले

मेरे साथ पुरानी छाया, काया तेरे पास नई
तेरा आँचल रंग-रँगीला, रंग-रंग में बास नई

यह सावन है

यह सावन है
मन भावन है
छा जाये तो ढमढम ढोल बजे
बरसे तो छनकती झाँझन है

ये अपने प्यार के छींटों से मन-धरती को जल-थल कर दे
जो धड़कन हो मुझाई हुई, उस धड़कन को चंचल कर दे
ये बरसा है मुझ पर जब से मन मेरा गुलशन गुलशन है
यह सावन है
मन भावन है

ये मस्त हवा का झोंका है, और चाल है उसकी मतवाली
ये पाँव जहाँ भी धरता है उगती है वहीं से हरियाली
धरती की तरह, उसके दम से आबाद मिरा भी आंगन है
यह सावन है
मन भावन है

ये दूर हो जब तक नज़रों से, मन में रह रह कर हूक उठे
ये झलक दिखाये जब अपनी, जज़्बात में कोयल कूक उठे
सच बात कहूँ तो मेरा मन सैराब[1] उसी के कारन है
यह सावन है
मन भावन है

---

1. सिंचा हुआ

रँगवा दे चुनरिया

रँगवा दे चुनरिया धनुक[1] में पिया
जादू डालूँगी पहली झलक में पिया
रँगवा दे चुनरिया धनुक में पिया

मैं दिखाऊँ वो रंगों की जादूगरी
लोग सोचें ये नारी है या जलपरी
जो भी देखे वो पड़ जाये शक में पिया

कर दे पूरी ये मेरी तमन्ना अगर
नाच उट्ठूँ सर पे मैं आस्मां ओढ़ कर
झूमे बरखा पायल की झनक में पिया

तू जो अबरक भी रंगों में शामिल करे
फिर तो सारी फ़िज़ा मिलके झिलमिल करे
जुगनू लहरायें उसकी चमक में पिया
रंगवा दे चुनरिया धनुक में पिया

---

1. इंद्रधनुषी रंगों में

घुँघरू टूट गये

मुझे आई न जग से लाज—
मैं इतने ज़ोर से नाची आज, कि घुँघरू टूट गये।

कुछ मुझ पे नया जोबन भी था
कुछ प्यार का पागलपन भी था
कुछ पलक पलक मेरी तीर बनी
कभी ज़ुल्फ़ मिरी ज़ंजीर बनी
लिया दिल साजन का जीत—
वो छोड़े पायलिया ने गीत, कि घुँघरू टूट गये।

मैं बसी थी जिसके सपनों में
वो गिनेगा अब मुझे अपनों में
कहती है मिरी हर अँगड़ाई
मैं पिया की नींद चुरा लाई
मैं बन के गई थी चोर—
मगर मिरी पायल थी कमज़ोर, कि घुँघरू टूट गये।

धरती पे न मेरे पैर लगें
बिन पिया मुझे सब ग़ैर लगें
मुझे रंग मिले अरमानों के
मुझे पंख लगे परवानों के
जब मिला पिया का गाँव—
तो मेरा लचका ऐसा पाँव, कि घुँघरू टूट गये।

दिया जले सारी रात

दिया जले सारी रात
जल जल जाये, नीर बहाये मुझ विरहिन के साथ

पहने सर पर ताज अगन का
भेदी मेरे दुखिया मन का
लाया इस अँधियारे घर में अँसुओं की सौग़ात
दिया जले सारी रात

क़िस्मत ने क्या रंग दिखाया
दुखिया के घर दुखिया आया
माँग रहे हम इक दूजे से ख़ुशियों की ख़ैरात
दिया जले सारी रात

दूर कहीं बाजे शहनाई
तड़प रही अपनी तनहाई
जीत के आज वफ़ा की बाज़ी, प्यार ने खाई मात
दिया जले सारी रात

पल भर आस के जुगनू चमके
फैल गये फिर साये ग़म के
छोड़ दिया इक हरजाई ने थाम के मेरा हाथ
दिया जले सारी रात

जल-थल, जल-थल भीगी पलकें
पलक पलक मिरे आँसू छलकें
बरस रही है दो नैनों से बिन बादल बरसात
दिया जले सारी रात

टूट गये क्यों प्यार पुराने
मैं जानूँ या दीपक जाने
जलते-जलते जल जाये पर कहे न दिल की बात
दिया जले सारी रात

भूल गई मोहे सब रँगरलियाँ
बिखर गई आशा की कलियाँ
ऐसी चली बिरहा की आँधी, डाल रहे न पात
दिया जले सारी रात

कितना पानी

बोल समंदर बोल कि तुझमें कितना पानी
जितना तुझमें उतरें उतनी बढ़ जाये हैरानी
बोल समंदर बोल कि तुझमें कितना पानी

ऊपर ऊपर चुप चुप रहना
अंदर अंदर छिप छिप बहना
लेकिन पूनम रात जब आए तब करना मनमानी
बोल समंदर बोल कि तुझमें कितना पानी

सीढ़ी तुझमें कौन लगाए
कोई तेरी थाह न पाये
हर इक राह कठिन है तेरी, हर मंज़िल तूफ़ानी
बोल समंदर बोल कि तुझमें कितना पानी

झाँक ज़रा तू मेरे अंदर
मेरा मन भी एक समंदर
फ़र्क़ है इतना, तुझमें पानी मुझमें है वीरानी
बोल समंदर बोल कि तुझमें कितना पानी!